圖說大宋風華

李旭東 著

上

從客船郵輪到服飾潮流，
透過《清明上河圖》一覽汴京繁盛風景！

序章

如若你穿越去了大宋，一定要去北宋的都城開封看一看，那裡四河環繞，人口眾多，經濟繁榮，文化興盛，即便放眼整個世界，也是當時首屈一指的大都市，與如今的紐約、倫敦和巴黎等國際化大都市相比絲毫都不會遜色，引領著世界潮流，也推動著歷史發展。

開封城外郊野的小路上，兩人一前一後，趕著五匹馱著木炭的驢子，向著城門方向緩緩行去，槖槖的蹄聲與汴河中正在行駛的舟楫上傳來的舵櫓擊水聲交織在了一起，宛若一曲雄渾的交響樂。

一艘艘造型各異的客船上搭載著各色乘客，有來上任的，有來覆命的，有來經商的，有來求學的，有來趕考的，有來探親的……

一艘艘滿載而來的貨船上裝載著各式貨物，有東平的阿膠、大名的花綢、延安的麝香、鎮江的綾羅、壽春的石斛、江陵的柑橘、建州的茶葉、成都的箋紙、興元的胭脂、廣州的沉香、桂州的白銀……

麵粉作坊內的夥計們將一秤十五斤的麵粉裝入布袋之中，用太平車載著，用驢馬馱著，向著城門方向急急而行；屠宰作坊裡的屠戶們將夜裡屠宰好的豬羊切割好，差人挑著，雇車拉著，向著城內緩緩而去。

此時等著進城的人早早便候在城門外，有商人小販，有農人匠人，還有書生行人。伴隨著陣陣沉悶的聲響，沉重的城門緩緩地打開，急著進城的人們迫不及待地湧進了城中……

五更時分，此時天還沒有亮，寺院的行者頭陀們用木槌不停地敲擊著手中的鐵牌子，高叫著「普度眾生救苦難諸佛菩薩」等佛家話語，還播報著時辰和天氣，低沉的報曉聲傳遍了城內的每一個角落。

油餅店、胡餅店等各式小食店內早就亮起了燭火，案板上傳來擀麵的啪啪聲，油鍋中傳來下鍋的刺啦聲，灌肺、炒肺等各式誘人的早點紛紛出鍋，等待著主顧上門。

寬二百餘步的御街兩側設有朱漆杈子，杈子內側是用磚石砌造的御溝，水中盡植蓮花芙蓉，岸上遍布桃李梨杏，花團錦簇。從州橋至皇宮南門宣德門，朱漆杈子外的御廊下傳來此起彼伏的叫賣聲。那些因趕著上早朝而沒來得及吃上早飯的官員們，在上朝途中趕忙買些早點充充飢。

宣德門漸漸出現在官員們的視野之中。氣勢恢宏的宣德門由一字排開的五座城門組成，門上皆是金釘朱漆，城牆都是磚石相間，高聳的屋脊，威武的垛樓，恢宏的闕亭，雕樑畫棟，朱欄彩檻，無不展現著大氣磅礴的皇家氣派。那些官員們不由自主地整理著自己的儀容儀表。

進了宣德門，大慶殿、凝暉殿、紫宸殿、文德殿、垂拱殿、皇儀殿、集英殿徐徐露出自己的本來面容，每一座都修造得氣貫長虹，氣吞山河！

開封城內街巷裡的行人漸漸多了起來，有金匠、銀匠、銅匠、鐵匠、錫匠、木匠、瓦匠、陶匠、畫匠；有賣洗面水的、代煎湯藥的；有箍縛盤甑的、織草鞋的、磨鏡的、造扇的；還有販油的、賣香的、鬻紙的、賣蚊藥的、鬻香的、賣粥的、賣花的……

在朝霞的照耀之下，幌子迎風飄揚，匾額熠熠生輝，襆頭鋪門前的招牌映出了金色的光澤，染店櫃檯上擺放的新花布被染上了紅色的光暈，紙鋪貨架上的金銀紙被照得閃著刺眼的光芒，在和煦的陽光下陸續開張的還有紙馬鋪、金銀鋪、衣帽鋪、頭巾鋪、鞋襪鋪、腰帶鋪、洗衣鋪、首飾鋪、藥鋪、紙馬鋪、鐵器鋪……

肉市、菜市、米市、魚市、花市等各大市場也相繼迎客，商鋪鱗次櫛比，叫賣此起彼伏，顧客絡繹不絕，商品應有盡有……

街巷口聚集起越來越多的人，等待著城中那些衙門官署、富豪高官前來雇人。其中有手藝精湛的匠人，有吃苦耐勞的挑夫，有心靈手巧的使女，還有行事機靈的夥計；有的恭敬地站著，有的慵懶地坐著，有的打著哈欠，有的想著心事，有的已然被生活折磨得麻木而又冷漠，但也有人依舊懷揣著夢想，想著要在這藏龍臥虎的京城裡出人頭地，光宗耀祖……

開封在喧鬧嘈雜聲中緩緩醒來，迎來了新的一天。開封的富庶與繁華至今仍舊令人心馳神往，那就來一場說走就走的旅行吧！

雖然條條大路通開封，但走水路卻不失為一個不錯的選擇！

目錄

第一章　汴河上的「船隻秀」

第二章　靠啥說走就走

第三章　為了碎銀幾兩

第四章　服裝裡的「時尚潮流」

第一章　汴河上的「船隻秀」

萬艘龍舸綠絲間，載到揚州盡不還。
應是天教開汴水，一千餘里地無山。
盡道隋亡為此河，至今千里賴通波。
若無水殿龍舟事，共禹論功不較多。

這首詩是唐朝著名詩人皮日休所寫的《汴河懷古》。汴河的前身就是當年隋煬帝開鑿的大運河中的一段，名叫通濟渠。當年隋煬帝不惜耗費民力修造大運河，雖說藏著跑到揚州去遊樂的小心思，卻也未必就沒有胸懷天下的萬丈豪情。隋煬帝來了一場說走就走的旅行，小命卻沒了，隋朝也亡了，再次印證了一個血淋淋的教訓——有權也不能任性！

到了北宋時期，汴河成為首都開封的生命線，行駛在汴河上的各色船隻也成為那個時代的一個縮影。

第一節　客船上別有洞天

宋代的「豪華遊輪」

《清明上河圖》在流傳過程中形成了很多的版本，但最早的版本為北宋宮廷畫師張擇端所繪，本書所稱《清明上河圖》均為這個版本，未標明出處的畫作也全都來自這個版本。

除此之外，《清明上河圖》還有兩個很重要的版本，一個是明代大畫家仇英所繪的版本，另一個是清宮畫師陳枚、孫祜、金昆、戴洪、程志道五人合作完成的清院本。

在《清明上河圖》中，共計繪有二十八艘各色船隻，一號客船無疑是其中最為高檔的客船，堪稱宋代的「豪華遊輪」。這艘船採

❶ 縴繩
❷ 防濕油布
❸ 守夜棚
❹ 窗外護板
❺ 放倒的人字桅
❻ 絞盤盤車
❼ 舵的操作把杆
❽ 鞍形導向架
❾ 艄樓
❿ 窗外護板
⓫ 後門庭
⓬ 舷外走板
⓭ 畫版
⓮ 腰門
⓯ 直欞窗
⓰ 前門庭
⓱ 前艙排門板
⓲ 豁口
⓳ 絞盤盤車

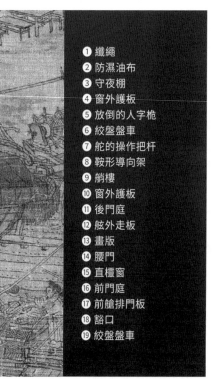

用的是前艙、客艙和艄樓的傳統布局結構，處處透著大氣典雅，尤其是前後兩個造型獨特的門庭最為引人矚目。

前門庭由別致的版門和精巧的門額構成，兩側直欞窗的畫板上還有精美的木雕，透著一種低調的奢華。旅客們透過前門庭上下船的時候能感受到一種撲面而來的高尚而大氣的感覺。

後門庭開在位於船尾的艄艙，給人一種暖暖的家的感覺。這裡是乘客免進的私密空間，既是船工的工作區，又是船工的生活區，船工及其家眷便生活在這裡，一個女子正透過敞開的後門庭向外張望著。

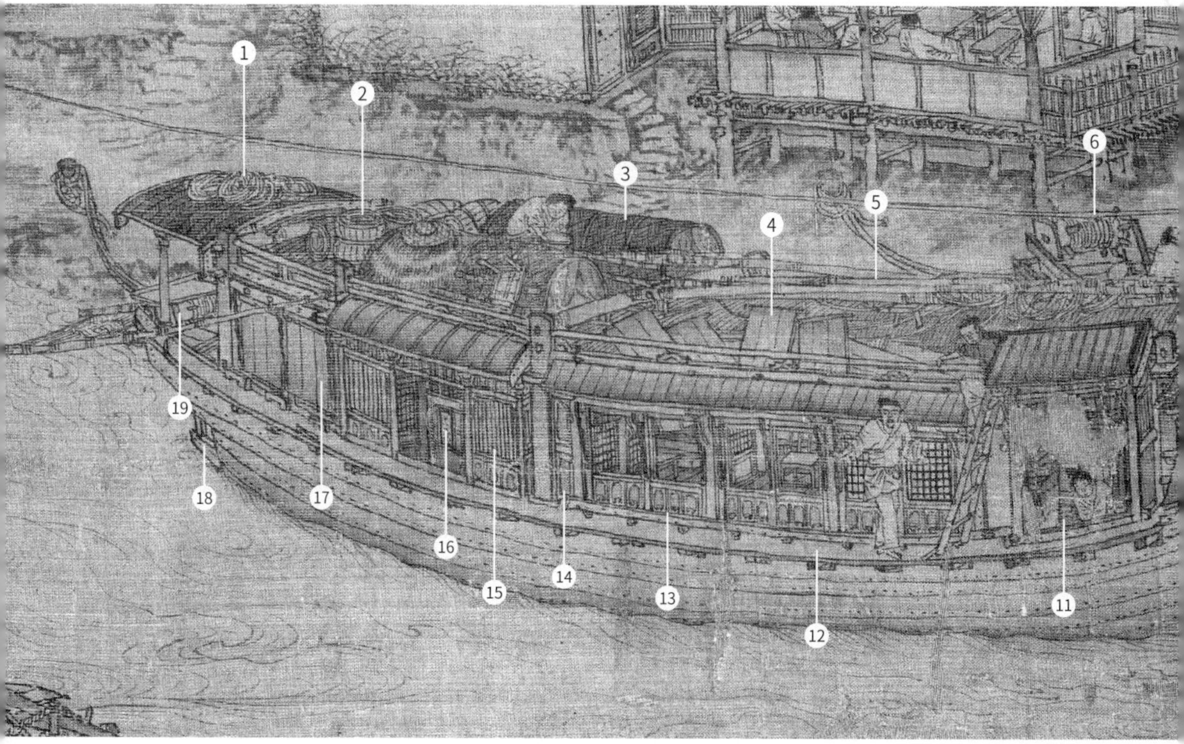

一號客船

艙外設有舷外走板（也稱為外陽橋），為了安全起見，遊客並不允許在上面隨意走動，不過上船的時候可以踩著舷外走板進入前門庭，然後再拾級而下進入客艙。舷外走板是船工們專用工作通道，其上正站著一名船工，還有一名船工正順著擺放在後門庭旁邊的木梯子準備從艙頂下到舷外走板上。

宋代船隻與如今的船隻有一個很大的不同——艙頂也被充分利用起來，儼然成了一個露天倉庫。一號客船的艙頂便存放著划行用的長

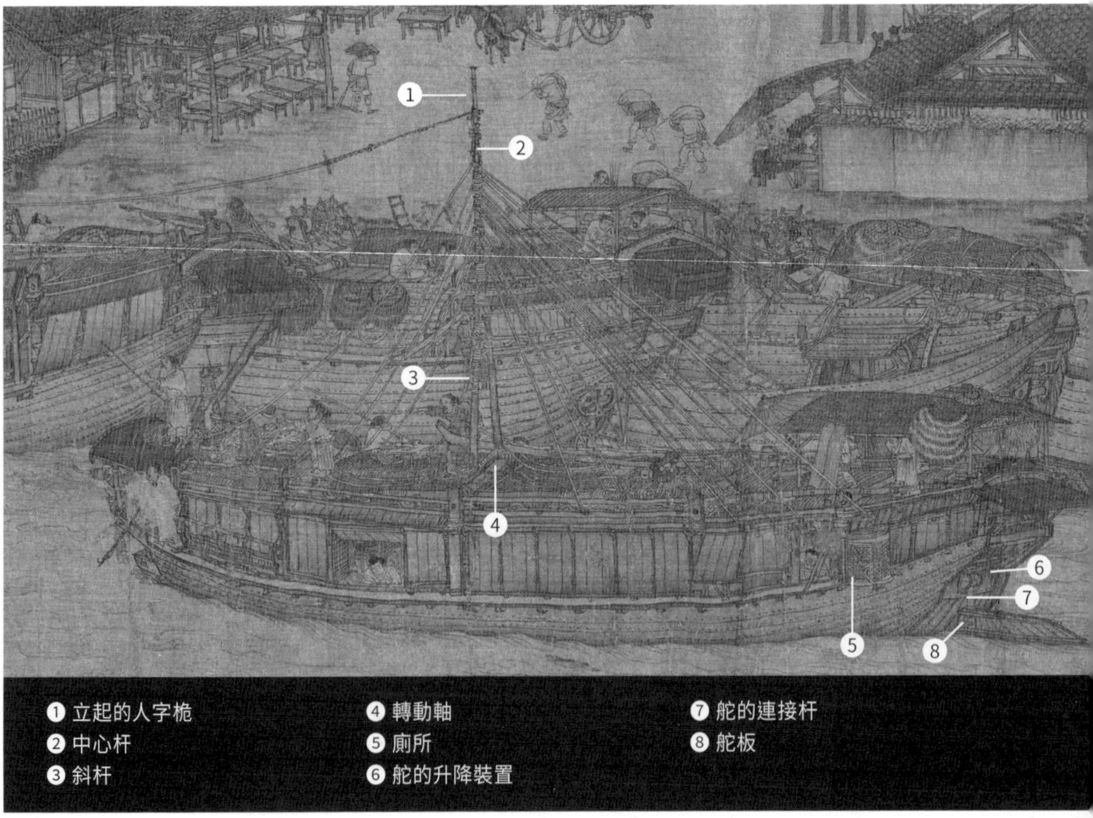

❶ 立起的人字桅
❷ 中心杆
❸ 斜杆
❹ 轉動軸
❺ 廁所
❻ 舵的升降裝置
❼ 舵的連接杆
❽ 舵板

二號客船

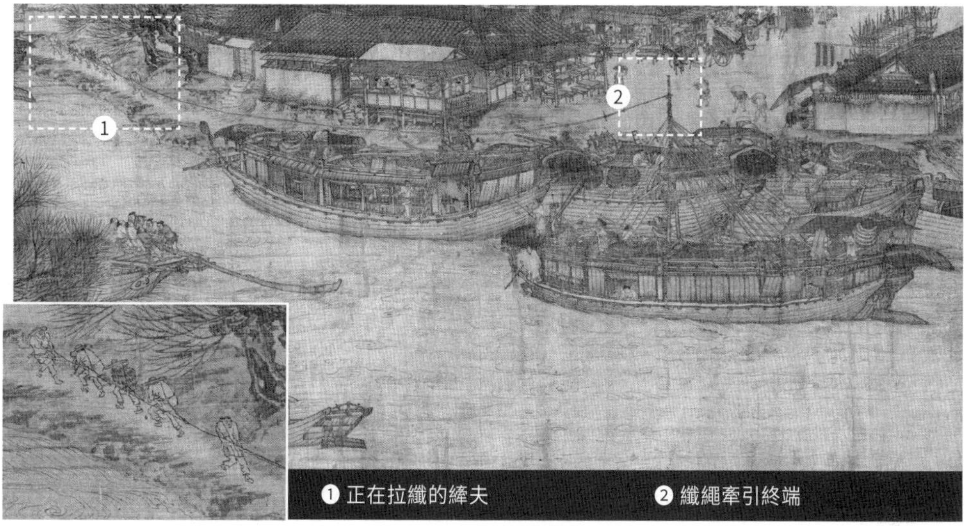

❶ 正在拉縴的縴夫　❷ 縴繩牽引終端

櫓、成捆的纖繩、成堆的木板，還有暫時不用的矮桌，不過重要物資會存放在艙頂相對封閉的守夜棚內，避免被日曬雨淋。

一號客船靜靜地停靠在河邊，艙頂中部的桅杆已經被船工們放倒。二號客船的桅杆是立著的，在縴夫們的拖拽之下緩緩向前行進著。正在透過虹橋的三號客船艙頂的桅杆正被緩緩放倒。

二號客船的豪華程度比一號客船要稍稍遜色些，但也屬於中等配置的客船，船票價格自然也會更為「親民」。

二號客船的桅杆高高聳起，猶如一個巨大的「人」字，因此這種桅杆被稱作「人字桅」。汴河上行駛的船隻大多採用的便是這種人字桅，由於它的下端安裝了一個轉動軸，使得桅杆可以較為便捷地豎起和放倒，因此也被稱為「轉軸桅」。

二號客船是逆水行船，又難以借助風力，只得在縴夫們的牽引下，向著開封城的方向緩緩前行。桅杆的頂端也是纖繩牽引終端，這樣便形成了牽引的角度，使得縴夫們拉纖時可以省些力氣！

由於二號客船正在行進過程中，所以船工們大都在艙頂上忙碌著。還有一人站在舷外的走板上，手中拿著撐船的竹竿，

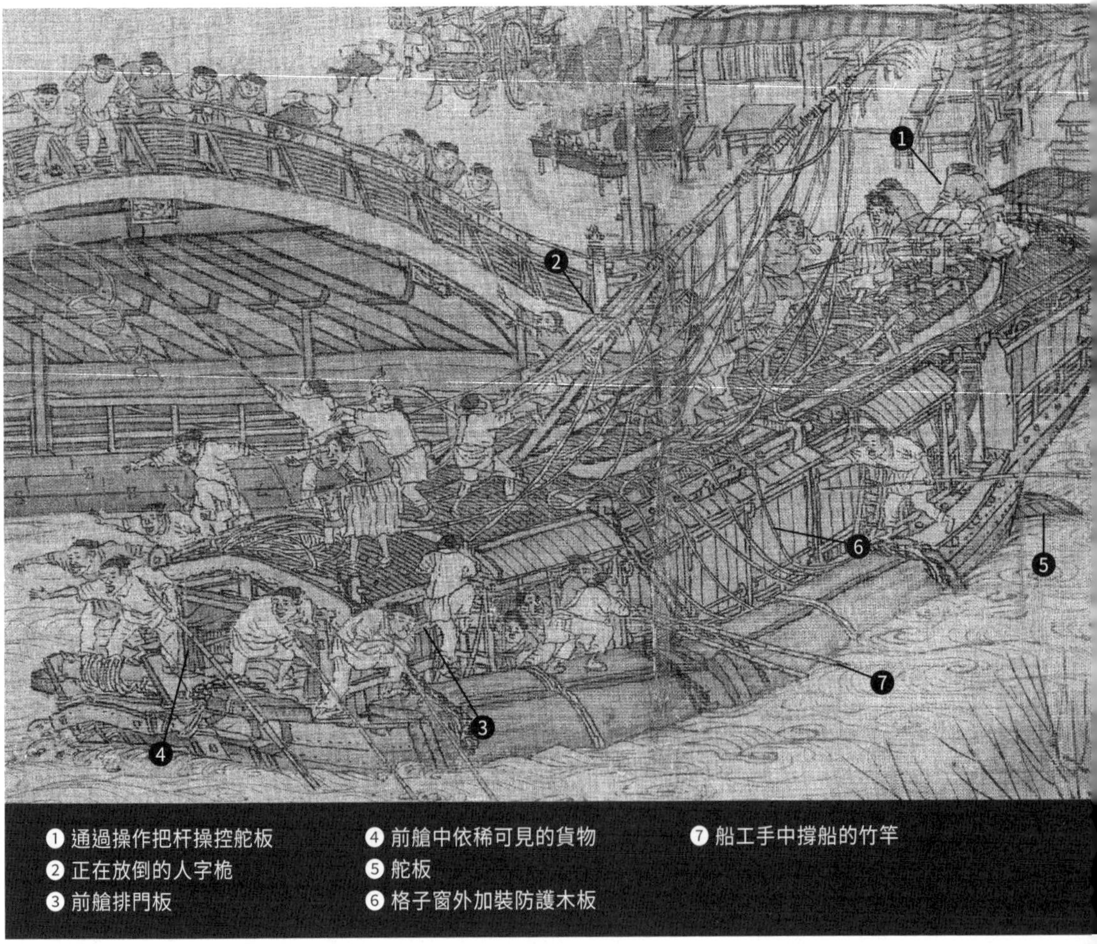

❶ 通過操作把杆操控舵板
❷ 正在放倒的人字桅
❸ 前艙排門板
❹ 前艙中依稀可見的貨物
❺ 舵板
❻ 格子窗外加裝防護木板
❼ 船工手中撐船的竹竿

三號客船

隨時關注著客船的行進方向和速度。

運貨的「奇怪」客船

三號客船的水準更低一些，服務對象主要是普通的工薪階層。這艘船已然行駛到了虹橋附近，但桅杆卻還沒來得及放下，船身急急地向著虹橋撞去，一時間引得無數人駐足觀看。

面對這個突發的緊急狀況，船工們傾巢而出，有的站在船頭，有的站在舷外走板上，有的站在艙頂；有的揮舞著手中的竹竿，有的忙著放倒桅杆，有的透過操作把杆來調控船隻行進方向，一時間亂作一團。

三號客船的與眾不同之處在於明明是一艘客船，卻被改裝成了貨船。前艙艙壁上雖掛起了排門板，卻仍舊能依稀見到艙中堆積的大量貨物。客艙格子窗上也已裝上了防護木板，因此艙中搭載的應該也是貨物而非客人。即便是船工們走動的舷外走板上也捆上了木板，看來這艘客船利用所有能利用的空間來搭載貨物。

這艘船吃水很深，船頭的絕大部分都已沒於河水之中，可見裝載的貨物真是不少。或許是趕上了「雙十一」，面對誘人的商機，船主決意暫時改行搞貨運！

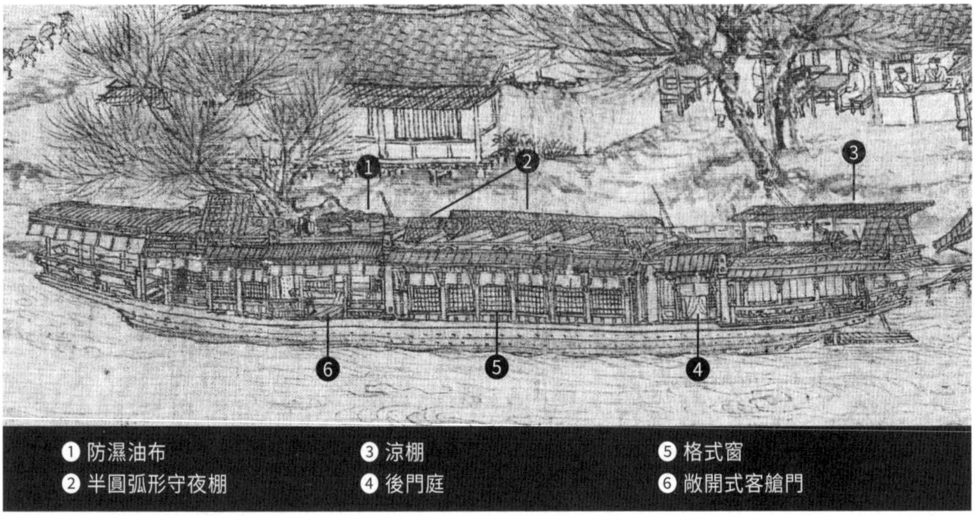

四號客船

觀光遊船載客多

四號客船的船身顯得很是狹長，彷彿是一隻游弋在汴河之上的大鱷魚。由於載客量比較大，船上專門設置了敞開式客艙，既便於乘客上下船，也便於觀賞河景。由於船身很長，外側並沒有設置舷外走板，長長的客艙外清一色地裝有格子窗。

四號客船看著不太像是做長途客運的，應是一艘遊船，專門服務於那些想要觀賞汴河風光的旅客們。夜晚時分，船隻行駛在燈火通明的汴河之上，乘客吹著河風，吃著河鮮，喝著小酒，看著河景，那會是何等的愜意！

宋代「拋錨」的技巧

那些行駛在汴河上的船隻，無論是客船還是貨船，均採用「前錨後舵」的布局，這種設計思路也一直沿用到了今天。

❶ 絞盤盤車

❶ 絞棍　❷ 沒於水中的前搪浪板

汴河船隻上的錨一般設置在船頭，不過卻並非是金屬材質的錨，而是比較廉價的石碇。通常用絞盤盤車來收放石碇，工作原理與井上的轆轤差不多。

停船時，船工們搖動絞盤盤車，緩緩地將石碇沉於水中，以減輕河水對船身的衝擊，起到固定船身的作用。開船時，船工們再搖動絞盤盤車，慢慢地將石碇收起並放置於下甲板上，注意這個下甲板是汴河船隻的另一大特色，後面將會進行詳細介紹。

不過三號客船船頭安裝的卻不是絞盤盤車而是絞棍。其實絞棍的工作原理與絞盤盤車差不多，但操作起來卻不如絞盤盤車那麼方便。

❶ 漁船上的手拋石碇裝置

❶ 拖拽石碇的鎖鏈

像漁船這樣的小船採用的多是傳統的手拋方式，由於船身重量比較小，所選用的石碇自然也就比較輕，用手拋也不會太吃力。

虹橋下停著一艘船，雖然只能看到船頭與船尾，但看樣子似乎是一艘中型客船，但船頭卻既無絞盤盤車，也無絞棍。這艘船的體量比小漁船要大許多，所用石碇自然也不會輕，它採用什麼方式收放石碇呢？

這艘船的船頭垂下五根繩索，船工們應該向河中拋下了五塊石碇，將難拋的大石碇換成同等重量的五塊小石碇，成功地解決了這個難題，這種化整為零的奇妙招法可真是令人敬佩！

船頭的奇怪「豁口」

一號客船的船頭有一個奇怪的豁口，不僅這艘船有，很多汴河船隻的船頭也有類似的豁口。這可不是造船工人偷工減料，裡面可是藏著大玄機！

汴河是一條人工開鑿的河流，水雖並不深，但淤泥卻不少，因此河床變得又淺又窄。汴河從開封一路流向江蘇盱眙，由於上下游地勢傾斜的緣故，汴河上游一旦來水，往往便會傾瀉而下並無回流，因此在汴河上行船其實是件很危險的事情。

當船頭與湍急的河水迎面相遇時，強大的衝擊力會使得船身不斷搖晃，劇烈顛簸，若是水勢過大，甚至有可能會將整艘船徹底掀翻。為了對抗湍急的河水，一種神奇的設計便在汴河船隻上應運而生了！

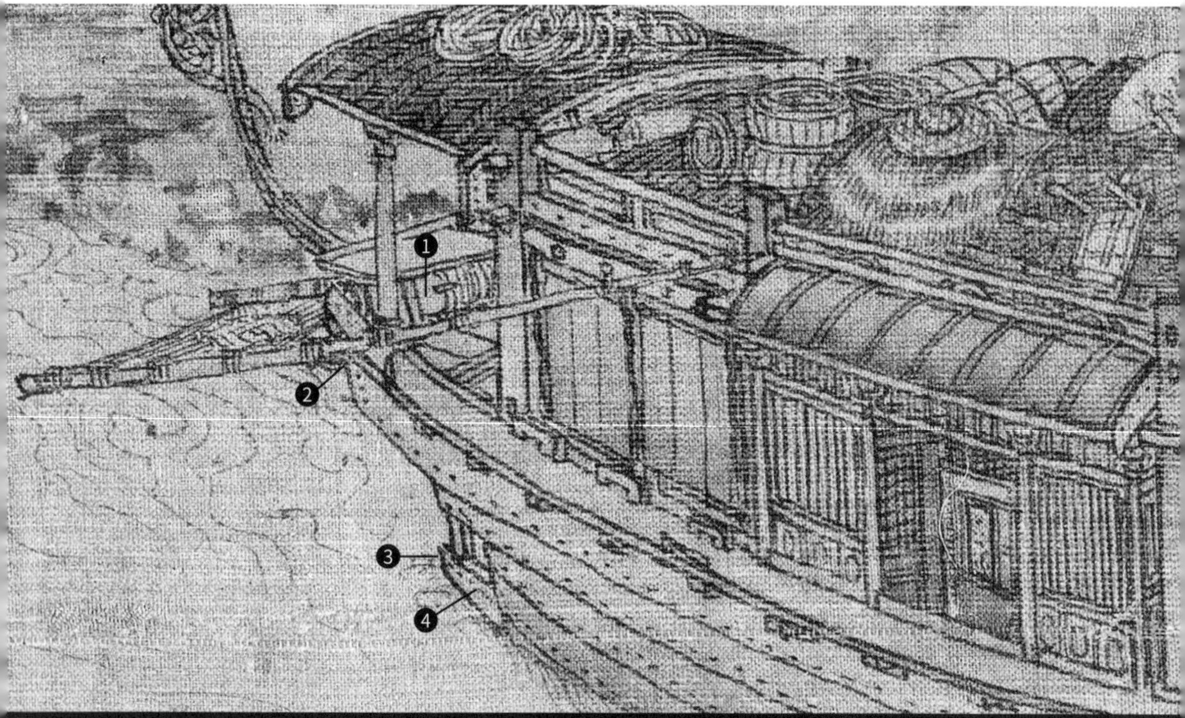

❶ 絞盤盤車　❷上甲板　❸ 豁口　❹ 下甲板

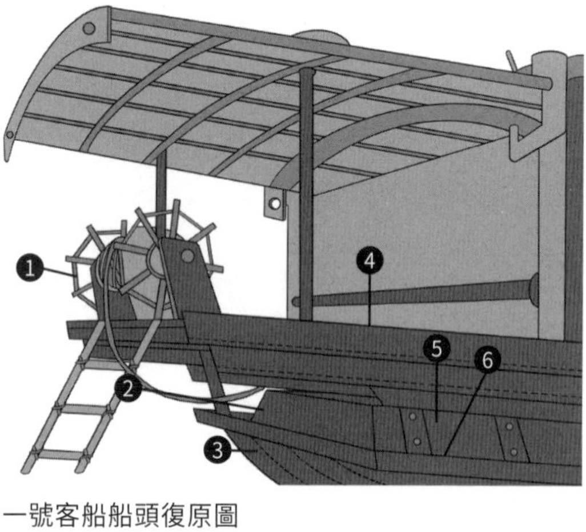

❶ 絞盤盤車
❷ 下甲板上的石碇
❸ 前搪浪板
❹ 上甲板
❺ 豁口
❻ 下甲板

一號客船船頭復原圖

宋代船頭通常都會有一組橫向排列的木板，下端與船底板相接，上端與船頭封板相交，這裡是與水流最先接觸的部位，稱為「前搪浪板」。汴河船隻對前搪浪板進行了改進，船頭設有上、下兩層甲板，上甲板用來放置起落石碇的絞盤盤車，下甲板用於放置沉重的石碇。下甲板其實就是將向外延伸的艙內墊艙板與船艙進行了封閉阻塞，同時拆掉部分前搪浪板，於是便出現了那個奇怪的豁口。

當風浪來襲時，河水會從兩側的豁口流入，此時豁口就起到了水壓艙的效果。水的壓力再加上石碇的重量，會使船頭足以對抗湍急河水的侵襲！

在《清明上河圖》中，各色船隻的桅杆上都沒有掛帆，桅杆要麼是臥倒的，要麼雖然聳立著卻是光禿禿的，這些船隻為何不借助風力航行呢？

開封屬於溫帶季風氣候，每年四月份，印度洋暖流開始抵達中國南方並逐漸向北推移，不過抵達開封時已是春夏之交了，隨著氣溫不斷增高，風勢也變得越來越弱。秋冬交替時節，來自西伯利亞的冬季季風逐漸南侵，此後風勢會變得越來越迅猛，很快汴河便開始結冰，直至徹底凍結。

對於在汴河上航行的船隻而言，季風對於船隻航行的推動作用很有限，尤其是逆水航行時，主要依靠縴夫們的牽拉。

《柳閣風帆圖》描繪了宋代船隻揚帆遠航的情形。宋代船帆通常會用一種體形輕便卻又韌性十足的特殊布製成，稱為「帆布」，能夠經受狂風暴雨的侵襲。

坐船的門道

《清明上河圖》中所繪汴河客船大多屬於大中型客船，通常都會將客人平安地送到目的地，但若是搭乘城外偏僻處的小型客船可就要格外當心了。

北宋元符年間（西元一〇九八——一一〇〇年），福州一帶曾連續發生惡性刑事案件。那些心懷歹念的船家故意將船駛往偏僻處，然後再透過暴力恫嚇將乘客隨身攜帶的

（宋代）佚名《江城圖》（局部）

財物洗劫一空，若是遇上捨命不捨財的客人，甚至還會將他們殘忍殺害[1]。

乘客為了自身安全，在租船之前通常都會與船家簽署租船合同，還會請牙人從中作保。租船合同的普遍簽署在一定程度上遏制了類似惡性刑事案件的發生，即便仍舊有人會鋌而走險，但租船合同有時也會成為官府破案的重要線索。

北宋中期，崔公度在前往宣州（今安徽宣城）赴任途中發現了一艘形跡可疑的船隻，那艘船寂然無聲地與他們相隨而行。

傍晚時分，崔公度命人將船泊在了岸邊，而那艘船居然也詭異地停在了近前。他越想越覺得不對勁，趕忙派手下人去那艘船上查看，這一看卻不禁驚出了一身冷汗。

那居然是一艘空船，艙中血跡斑斑。不過奉命前去搜查的人也算是見過大世面，耐心而又細緻地在船上搜集相關證物，在船尾發現了一張黑色小紙條，上面似乎還有文字，借助火把的光亮一看，原來是租船合同，船家、乘客和牙人的名字寫得清清楚楚，明明白白。崔公度隨即派人前去抓捕具有重大作案嫌疑的船家，這起凶案也很快便得以破案[2]。

乘客怕遇見打家劫舍的船家，船家也怕遇見愛坐「霸王船」的官員。他們手中握有

1 （南宋）梁克家《淳熙三山志·戒船戶》。

2 （北宋）張邦基《墨莊漫錄·崔伯易因空舟得殺人船主》。

權力，坐船時常常不給船錢或者少付船錢，更有甚者包下整艘客船為己所用，船家卻是敢怒而不敢言。

這種「吃白食」的行為嚴重影響了官員在人民群眾中的光輝形象，朝廷自然不能坐視不管，於是公布了嚴厲的懲戒措施。如若官員確因工作需要搭乘船隻，應向主管部門申請使用官船，不得隨意搭乘私人客船。若是官府給你配備了官船，你又藉機強行搭乘或者徵用私人客船，一經發現便會判處一年有期徒刑。[3]

可這項規定在實際執行過程中卻遇到了很大的問題：官船數量畢竟有限，申請使用官船的官員又有很多，那些掌管官船分配的官員也是看人下菜碟兒，如若不是達官貴人，很難申請到官船，只得搭乘私人客船。不過朝廷明文規定必須嚴格按照市場價格全額支付船費，嚴

（宋代）佚名《柳閣風帆圖》（局部）

禁恃強淩弱不給或少給船費。

雖然朝廷公布了相應規定，但官員坐「霸王船」的情形卻仍舊屢禁不絕，因為破壞規則的人往往就是制定規則的人，在他們的眼中規則是為別人而不是為自己定的！

3 （南宋）謝深甫《慶元條法事類・差借舟船》。

第二節　關乎米袋子的漕船

漕船是種什麼船

國以民為本，民以食為天，只有手中有糧，心中才會不慌，因此自古以來糧食運輸都是頭等大事，透過水路運送糧食也有了一個專屬名稱——漕運。

開封地處黃河中下游的大平原上，汴河、蔡河（即惠民河）、金水河、廣濟河（即五丈河）四河環繞，北接黃河，南通長江、淮河。宋代，全國經濟重心已經悄然南移，北方各大城市都會不同程度地依賴於南方的糧食，人口規模龐大的開封更是如此！

開封之所以會成為都城就是因為坐擁四通八達的交通網，太宗皇帝趙光義曾感慨道：「東京養甲兵數十萬，居人百萬，轉漕仰給在此一渠水（即汴河）。」[4]每年有三千多艘漕船從江南源源不斷地運來六百萬石糧食，正是一艘艘看似普通的漕船維繫著開封城中令人豔羨不已的繁華。

《清明上河圖》所描繪的各色船隻之中，漕船的數量也最多。宋代漕船樣式與普通貨船有著明顯的區別，最明顯的特徵就是弧形拱艙，選用品質很輕的薄木板採取平接或者搭接工藝打造出一層薄殼，吃水淺，品質輕，行駛在汴河之上更為輕快。

拱艙兩側開有大蓋門，艙頂正中還設有天門，既便於裝卸糧食，又利於糧食存儲，艙門關閉後可以使得艙內保持相對穩定的溫度和濕度，開啟後又可以使得艙內氣流快速流通，如此一來艙內的糧食不會輕易腐敗變質。拱形艙位於漕船最

4（南宋）李燾《續資治通鑑長編・淳化二年六月乙酉》。

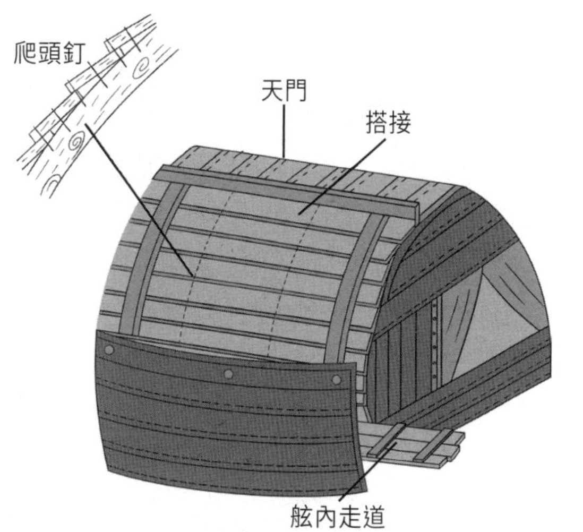

搭接艙壁

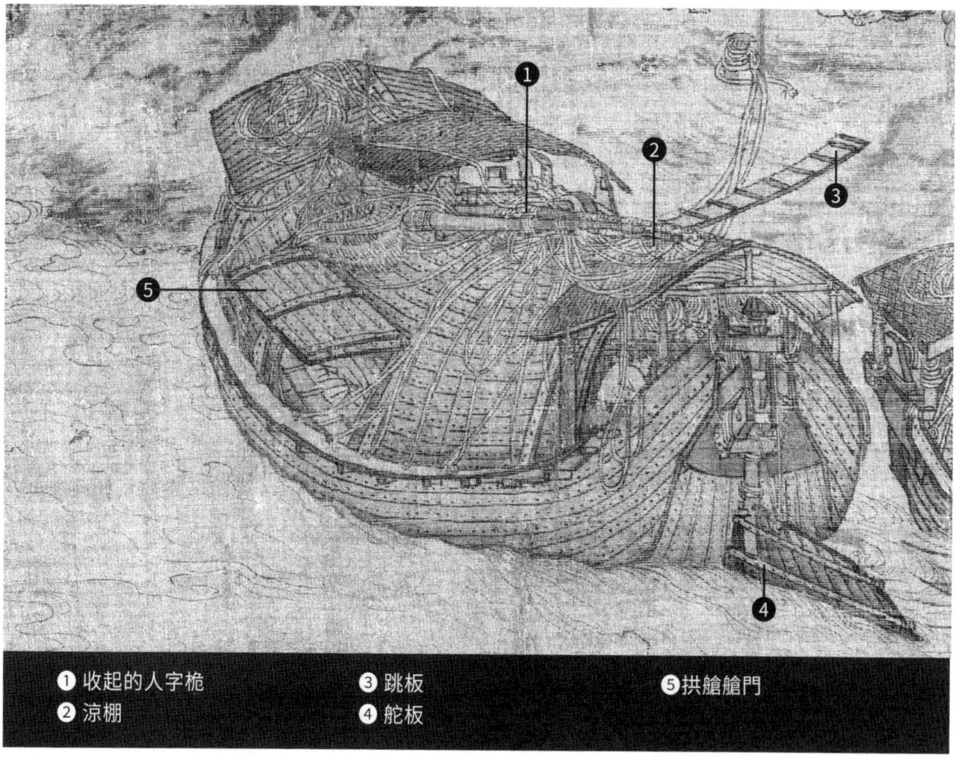

一號漕船

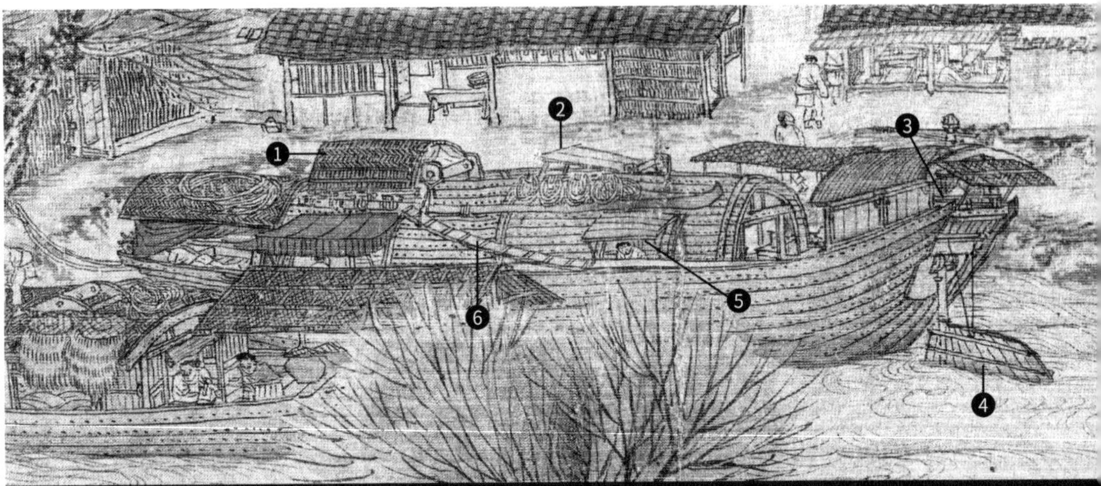

❶ 守夜棚
❷ 天門
❸ 艄樓
❹ 舵板
❺ 拱艙大蓋門
❻ 斜坡式舷外走板

二號漕船

中央，艙內大量堆積的糧食也使得漕船的重心更穩。

汴河從開封至江蘇盱眙綿延一千五百里，順水行舟會便捷些，但運送糧食駛向開封卻要逆水行船，又很難借助風力，更多的是依靠縴

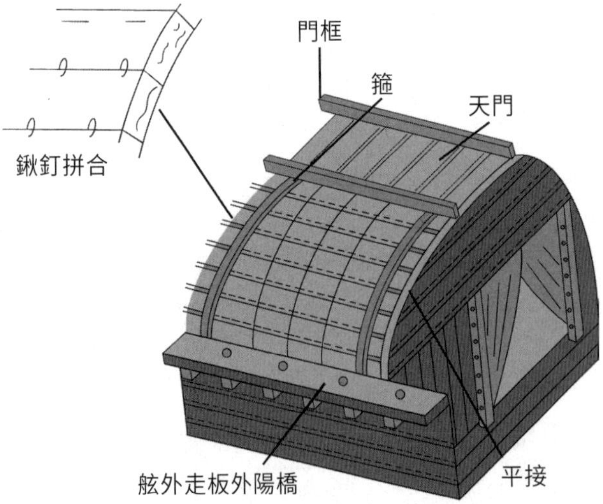

平接艙壁

夫牽拉，航行速度可想而知。若是在暴雨連綿的夏季，一旦遇到洪水暴發，或者在秋冬之際遇到氣溫驟降，河水突然結冰，汴河還會突然停航。面對這些突發狀況，漕船只能暫時靠岸，等待重新起航的時機。

雖經過如此漫長的運輸過程，艙內的糧食卻不會腐敗變質，尋常貨船很難做得到！

大多數漕船同一號漕船那樣採取平接方式修造拱形艙，拱形艙與船殼緊緊連在一起，同時在船殼外側修建舷外走板。由於行船時，船工勞作需要四處走動，舷外走板便成為他們必經的交通要道，不過卻有一定的危險性。一號漕船還在船尾搭建了一個涼棚，供船工掌舵時使用。

不過也有一部分漕船採取搭接工藝修造拱形艙（也就是拱形艙紮根在船面之上），利用舷牆內狹窄的甲板搭建起舷內走道，也就是內陽橋。採用這種工藝修造的漕船的船身更為光順。二號漕船雖採用搭接工藝，卻為了工作方便，透過吊拉方式搭建斜坡式舷外走板，其與尋常的舷外走板有著明顯的區別。

二號漕船上修造有與拱艙相分離的獨立的艄樓，樓內寬敞舒適，負責押運的官員往往會住在此處，省得與那些船工、運卒們擠在一起。

不過大多數漕船卻如一號漕船那樣並沒有獨立的艄樓，只是在拱艙內部靠近船尾的位置分割出部分區域，供船工及其家屬生活，從一號漕船船尾依稀可以看到艙內的船工。

漕運究竟怎麼運

北宋之初，漕運仍舊沿用唐朝舊制，以十船為一綱。每一綱都設有專門的押運人員，負責監督和管理本綱的人員、船隻和物品，官府賦予他們管束處置船隊相關事務的權力。《清明上河圖》中那個坐在麻袋上指手畫腳的人便是負責押運的官員，表現出一副頤指氣使的樣子！

雖然漕運押運人員手中握有官府賦予的公權力，卻並非都是朝廷官員，主要由三類人員構成。第一類是離任官、進納官或因銓試不中而尚未安排工作的文官。第二類是

❶ 坐在麻袋上的押運官員

低級武職，《水滸傳》中的青面獸楊志便屬於此類。第三類是普通老百姓，又細分為兩種，一種是正在服衙前役的老百姓，衙前役是勞役的一種，主要任務就是按照官府要求運送有關物品，這種人是不得不幹押運這個活兒；還有一種是主動應募的老百姓，這種人是主動要求幹押運這個活兒。

之所以會有人主動願意去押運漕糧，是因為朝廷允諾不會讓你白幹。普通老百姓服役達到一定年限並且考核合格後便可以獲得當官的資格，注意這只是一個資格，究竟能不能當上官還要看你的造化，當然押運時也會獲得一定的酬勞來維持自身生計。

負責押運的低級武職之中既有九品以上的武官，類似於今天排長以上的軍官；也有並沒有品級的軍中小頭目，類似於今天的班長，雖然比普通士兵地位要高一些，卻並不屬於真正的軍官。

負責押運的文官主要是離任官、進納官或銓試不中者，三者性質雖有所不同，卻有一個相同點，那就是都具有當官的資格卻因各種原因而暫時沒能獲得工作機會，有的是失業的官員，有的是尚未上崗的准官員。

無論是武職還是文官，都可以透過押運而獲得晉升品級或者新官職的機會，這也是他們不懼辛勞押運漕糧的主要精神動力。

由於漕運事關重大，不僅押運人員精挑細選，即便是逆水行船時拉縴的縴夫以及搬運貨物的搬運工都會從相對固定的人員範圍內進行招募，從而保證漕糧的運輸安全。

由於每袋糧食的重量都差不多，押運人員往往會根據每人的搬運量來給他們發放計件工資。為了便於統計，他們每搬運一袋或者數袋糧食便可以領到一根竹籌，等到搬運結束後便可根據手中竹籌的數量來領取相應的工錢。

這種方法可以防止有人出工不出力，鼓勵大家多勞多得，還能防止有人領了工錢後藉機逃走，或者趁工友勞作時偷盜錢財，跟賭場中使用的籌碼可謂有著異曲同工之妙！

❶搬運工們手中的竹籌 ❷正在分發竹籌的官員

在押運過程中，每一綱的漕運船隊都會設有廚船，負責為整支船隊燒火做飯，運糧的漕船一律不得動火。這既是為了防止做飯時不慎失火而殃及整個船隊，也是為了防止船上人員以做飯之名偷食船上的糧食[5]——還沒抵達目的地糧食便吃沒了，又如何向朝廷交代呢？

為了保證漕船上所載糧食悉數入京，官府規定押送途中不允許食用船上的糧食，所需糧食一律由沿途州縣供應。這個政策的初衷是好的，卻也為押運人員藉上岸取糧之機大行不法之事提供了便利條件，以至於朝廷後來也不得不改變了這項政策，規定押運途中所需糧食不得再上岸領取，改為取用船上糧食，不過卻要留下詳細的取用記錄。此舉減少了靠岸次數，縮短了漕船的航行時間，在一定程度上抑制了不法之事的發生[6]，不過押運人員謀取私利的手段卻多得是！

漕船賺錢門路多

朝廷之所以不惜以當官為誘餌鼓勵有關人員押運漕糧，是因為押運這個活兒是個苦差事，壓力大，風險高，常常是吃不好，睡不好，終日在風裡浪裡顛簸，整日在提

5 （北宋）王鞏《清虛雜著補缺》。

6 （元代）脫脫等《宋史·陳從信傳》。

心吊膽中度日。

押運人員之所以會咬牙堅持下去，無非是想著有朝一日能混上個一官半職，可時間久了，很多人便漸漸醒悟了，那不過是朝廷為他們畫的一張看得見卻吃不著的大餅而已。

《水滸傳》中的青面獸楊志就因在運送花石綱的過程中不慎翻了船而落得個丟官罷職的下場，只得流落開封街頭賣刀，可謂是淒慘至極！

在希望破滅之後，在利益的誘惑之下，一些押運人員漸漸忘記了初衷，甚至迷失了自我，開始偷偷地幹一些謀取私利的非法勾當！

漕船運輸的都是朝廷的官糧，經過沿途稅卡時自然不需停船繳稅，押運人員便利用這個難得的機會在船上私自夾帶貨物，偷逃大量稅款，甚至還會勾結運卒大肆侵吞漕糧，事後卻謊稱是運輸途中的正常損耗。

朝廷雖對此頭疼不已，卻始終想不出有效的應對之策，直到北宋大中祥符九年（西元一〇一六年），主管東南漕運事務的李溥提出「三綱為一」的建議，也就是將原來的三綱合併為一綱，由三名主事者共同負責，互相監督，相互制約，監守自盜的現象大為減少，從此之後三十船為一綱便成為定制。

為了防止走私，朝廷一直有一項禁令，那就是汴河上的漕船不能駛入長江，而長江上的漕船也不能駛入汴河。那些從江南運來的糧食和其他物資會被存放在長江北岸的倉庫之中，再由行駛在汴河上的漕船運抵都城開封。

不過這項禁令後來卻漸漸鬆弛了，主管漕運事務的發運使大權在握，向其行賄的人絡繹不絕，發運使拿了人家好處自然是睜一隻眼閉一隻眼。如此一來，原本在長江中行駛的漕船依託漕運之便將江南貨物運到繁華的開封去，而原本在汴河中行駛的漕船也依託漕運之便去江南採買些新奇貨物帶回開封進行售賣，漕船行駛的路程越長，逃稅的金額便越高，走私獲利也越是豐厚。不過這卻害慘了那些幹活的船工們，很多人累死或者病死在了半路上。

朝廷也意識到了問題的嚴峻性，再度重申江船與汴船不得往來的禁令，這無異於硬生生奪走了那些人到嘴的「乳酪」，自然遭到他們的強烈反抗，有的拆掉漕船上值錢的物件進行變賣，有的偷盜漕糧後鑿漏漕船消滅罪證，朝廷每年因此而損失的糧食高達二十萬斛，甚至連漕運都一度被迫中斷。

北宋熙寧二年（西元一〇六九年），薛向出任江淮等路發運使，面對日漸凋敝混亂的漕運使出了一招撒手鐧，引入新的競爭者，開始招募私人貨船參與漕糧運輸，徹底打破了漕運的壟斷地位。

這頓時讓那些長期壟斷漕運之利的人慌了神，不僅外快賺不到了，甚至還會面臨失業的危險，更為緊要的是「沒有比較便沒有傷害」——人家私人貨船運價又低，損耗又小。因此，漕船上的那些「蛀蟲」們不得不開始有所收斂。

儘管如此，利用漕船賺錢的法子還有很多，只不過不再那麼赤裸裸了而已！

《清明上河圖》中繪有一處汴河碼頭，碼頭上停泊著三艘客船，其中一艘將跳板搭到岸邊，正在等待客人們上船，可是一個挑著挑子的老者卻上了旁邊的一艘漕船，身後還有兩人也準備登上那艘漕船。他們為何不坐客

❶ 客船 ❷ 漕船

船反而要坐運糧的漕船呢？

那些漕船將糧食從江南運到開封卸完貨後，返程時會趁機搭載些客人賺取外快。雖說坐漕船遠不如坐客船舒適，不過船費卻也會節省不少，對於很多窮苦人來說，可謂是一個很不錯的選擇！

第三節　快遞新幹線

造型各異的貨船

漕船是專門為運送糧食而設計的一種特殊貨船，船艙的密閉性比較好，但圓弧狀的拱形艙卻比較低矮，難以運輸體積較大又不便拆卸的貨物，而靈活多樣的貨船卻可以滿足各種貨物的運輸需要。

一號貨船雖是一艘中等體量的貨船，卻處處透著簡陋和寒酸。貨船正中是簡易的房艙形貨艙，兩舷上裝有排門板，可以根據不同貨物的運送需要來決定排門板的開閉。需要密閉時，船工們便會將所有排門板都裝上；需要通風時，便會拆下全部或者部分排門板。貨艙與前甲板和後甲板都有寬闊的通道相連，便於貨物的裝卸。

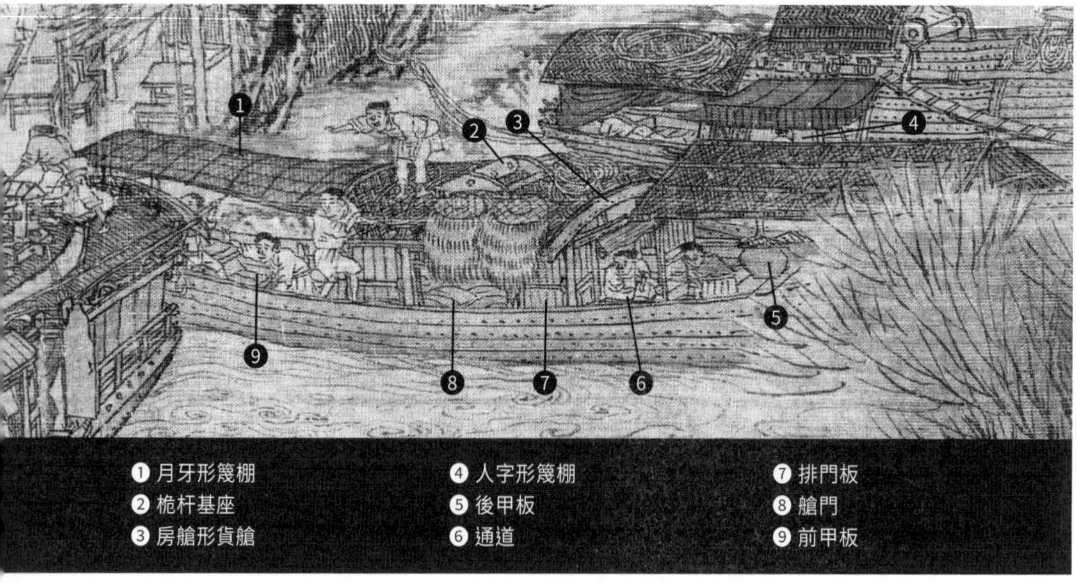

❶ 月牙形篾棚
❷ 桅杆基座
❸ 房艙形貨艙
❹ 人字形篾棚
❺ 後甲板
❻ 通道
❼ 排門板
❽ 艙門
❾ 前甲板

一號貨船

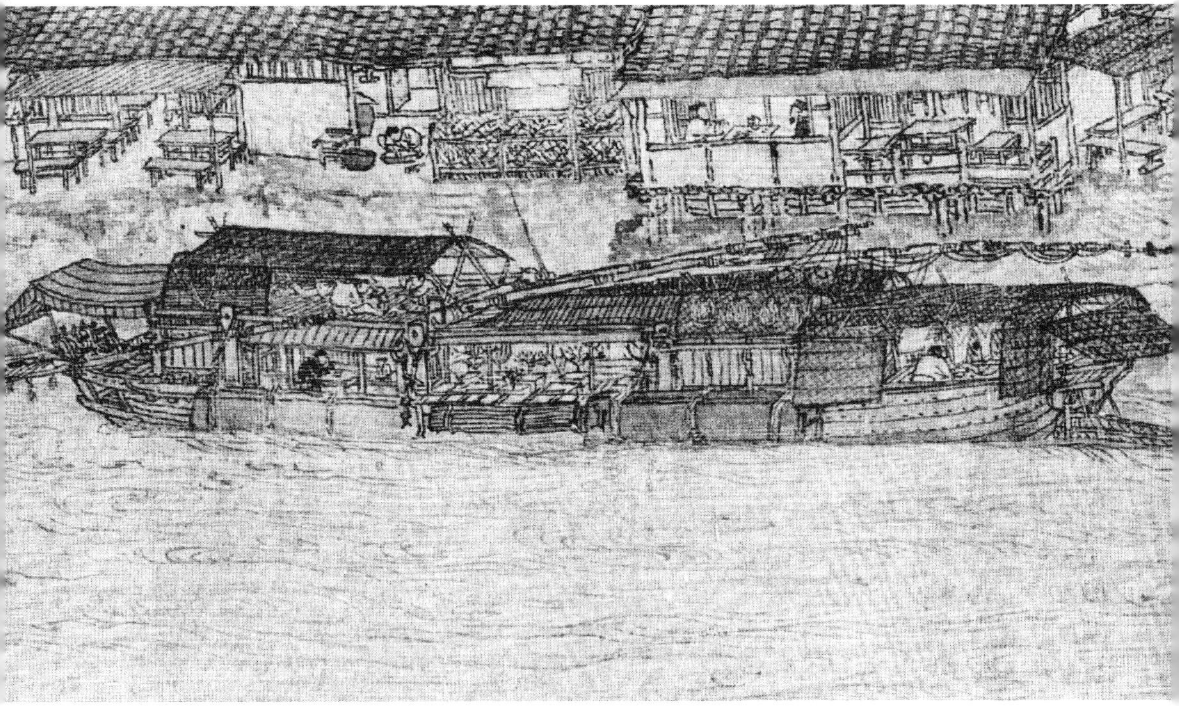

二號貨船

一號貨船的前甲板是一個沒有任何遮蔽的露艙，為了防止貨物遭受日曬雨淋，人們為其搭建起月牙形篾棚。後甲板上並沒有建造艄樓，也是空蕩蕩的露艙，人們為其搭建起人字形篾棚。除了盛放貨物外，這裡也是船工及其家屬生活的地方，由此可以真切感受到這些往來於汴河兩岸的快遞員們生活的艱辛！

二號貨船屬於一艘大體量貨船，無論是造型還是裝飾都比一號貨船要高上好幾個水準。這艘船既有開放式貨艙，便於儲存需在通風條件下運輸的貨物；也有封閉式貨倉，便於儲存需要密閉保存的貨物。

二號貨船的船尾上也沒有建造木質艄樓，而是在後甲板上搭建了一個月牙形篾棚，不過比一號貨船看上去要高檔些。蔑棚三面都有用篾子製成的篾窗，可以

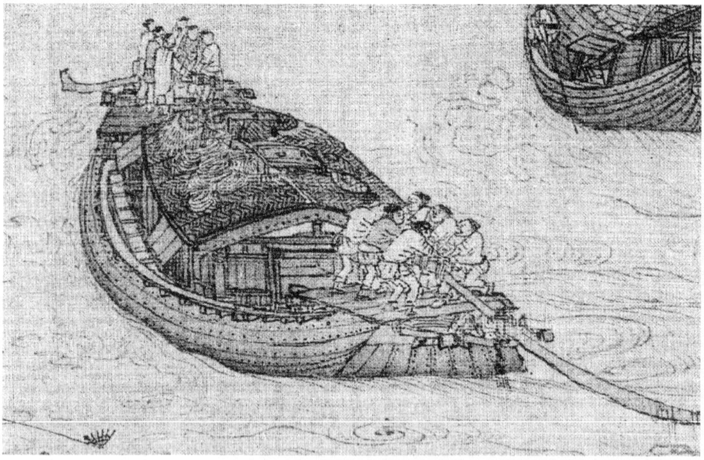

隨時開關，密閉性更好。由於船尾沒有艄樓，舵的操作把杆只得安裝在後甲板上，船工們可以在篾棚下開船。

《清明上河圖》中描繪的傳統貨船只有這兩艘，不過還有一艘造型特別的貨船，乍一看似乎是一艘普通的漕船，船形肥，乾舷低，但船頂的桅杆卻已被拆除，既不能借助風力航行，也不能靠縴夫拉行，只能依託人力划行。因此這艘船並不能像漕船那樣遠航，應該是一艘由漕船改造而成的專門跑短途的貨船。

這艘船的前、後甲板均被改造成船工們划水的平臺，船頭和船尾各站著六名船工，用力地搖著長櫓。船尾的舵也已被拆除，透過長櫓來隨時調整航行方向，控制航行速度。

帶長櫓的船和依靠縴夫牽引的船

不過關於這艘船的用途還有另外一種說法。《清明上河圖》中與上述那艘船類似的還有兩艘。一艘被樹木遮擋，不過船頭和船尾卻隱隱露出了大櫓；另外一艘被虹橋遮蔽，船頭的長櫓伸入河水之中，船尾也露出了一支長長的大櫓。

有的學者認為上述三艘船都是在汴河上遊弋的引導船，既能在前面帶路，又能在後面助力。下圖中站在船尾的河工們正在奮力搖櫓，湧起的大大的浪花向著前面的漕船衝擊而去，對於前面那艘正在依靠縴夫牽引緩緩前行的漕船形成一定的推動作用。

公家的錢可不好賺

宋代造船業很發達，朝廷每年都會修造大量官船。太宗皇帝趙光義在位的至道年間（西元九九五——九九七年），官船數量便達到了三千三百三十七艘之多[7]。雖然官船數量看似不少，不過隨著運輸量的持續攀升，僅僅依靠官船已然難以完成運輸任務，官府只得採用「和雇」的方式租賃一些私人貨船來運輸物資。

為官府運送物資有著明確而又嚴格的時限要求，若是送遲了，可不是得個差評、扣點工錢那麼簡單！

考慮到運輸途中可能會遇到種種難以預料的突發狀況，官府通常會給負責運輸的船家五日的寬限期。當然要是遇到洪水、地震等不可抗力，官府也會予以寬赦。可如若並沒有免責事由，超過五日寬限期，延遲一日便會遭受笞刑三十下；延遲兩日便會罪加一等，最高可判處杖刑一百下；延遲三日再加一等，最高可判處兩年有期徒刑。若是按期抵達目的地，卻因裝卸時間過長而導致貨物沒能按時入庫，也會遭受一樣的處罰。[8]

為了有效防範風險，官府往往會將運輸任務交給有家室的船家，以免船家侵吞官府物資後逃逸。儘管如此，在運送官府物資的過程中，盜竊之風仍舊屢禁不止。

鑒於此，官府只得改變船費支付方式，先支付七成船費，剩餘三成充作保證金，等到所運送的物資安全無損地抵達目的地並且查驗無誤後，再支付剩餘款項。若是中途出現貨物損壞或者丟失的情形，官府將會從保證金中予以扣除，如若保證金不足以賠償，負責押運的官員還將會承擔連帶賠償責任。[9]

承運貨物在運送過程中難免會有一定的損耗，一些不法官員便雞蛋裡挑骨頭，絞盡腦汁挑毛病，拒絕支付剩餘三成的保證金，有的州縣官甚至連七成的定金都想方設法地予以剋扣。如此一來，這些辛辛苦苦從事貨運的船主和船工們既受了累，又吃了

7 （宋末元初）馬端臨《文獻通考·國用考三》。

8 （清代）徐松《宋會要輯稿·食貨四五》。

9 （清代）徐松《宋會要輯稿·食貨四三》。

苦，耽誤了生意卻又掙不到錢。

一些船家無奈之下便動起了歪心思，大肆盜竊官府物資，用來抵償虧損的船費，如此一來便陷入「比壞」的惡性循環之中。

面對這個難題，朝廷只得思索應對良策，勒令各級官府將應支付的船費在起運前一次性支付給船主，不過是由負責押運的官員與船主共同掌管。如果物資在運輸途中損毀，責成負責押運的官員與船主共同承擔賠償責任，負責押運的官員賠償兩成，船主賠償八成。如若到期並未履行賠付義務，官府將會變賣他們隨身攜帶的財物，仍不能足額賠償便會變賣他們的家產。

這項政策既充分保證了船商的利益，又使得船主與負責押運的官員結成風險共擔、利益共用的命運共同體，還明確一旦發生損失將用他們的個人財產來抵償，不失為一項管理得當、責任分明的好政策[10]。

雖然公布了好政策，但在執行過程中卻往往是大打折扣，一些官員說一套、做一套，明裡一套、暗裡一套，仍舊以各種名義大肆盤剝船主。尤其是南宋時期，官府大量「和雇」私人貨船搞得民不聊生，百姓名下的貨船不再是賺錢的工具，反而成了賠錢的累贅。於是，有人將船隻低價賣給官府，有人逃到海外永不回來，甚至還有人將船隻故意鑿毀[11]。

這些極端的反抗政策折射出的是人心盡失，一個王朝的滅亡往往是從失掉人心開始的，南宋王朝的喪鐘也就此敲響了！

10（清代）徐松《宋會要輯稿．食貨四三》。

11（清代）徐松《宋會要輯稿．食貨五十》。

第四節　漁民的生活

苦中有樂的漁民

《清明上河圖》中還繪有一種船，那就是漁民們平日裡用來打魚的漁船，因其只在附近水域航行，因此體形往往都比較小。這艘沒有舵板的小漁船靜靜地停在鄰近小橋的岸邊，船的主人卻不知到何處去了。

漁船不僅是漁民們工作的地方，也是他們平時生活的地方，甚至很多無家可歸的漁民吃住都在漁船上。

下面這艘漁船比上面那艘稍稍大些，船頭的石碇和船尾的舵板清晰可見。女船家剛剛洗完衣服，將新洗的衣服掛在船篷上晾曬，卻將洗完衣服的髒水倒入河中，這個不太文明的行為可不值得提倡！

（南宋）馬和之《小雅南有嘉魚篇書畫卷》

（宋代）佚名《漁樂圖頁》

《小雅南有嘉魚篇書畫卷》描繪了宋代漁民捕魚時的場景。左下角那個漁民站在河水較淺的位置，雙手抱著一個竹筐，目不轉睛地盯著水中，當魚群經過時便迅速將手中的筐扣下去。畫面右上角那個漁民站在船頭，正在拉起放在水中的漁網，這一網或許能捕到不少魚。

《漁樂圖頁》描繪的是宋代漁民休憩時的場景。夕陽西下，兩條漁舟停泊在寂靜的港灣內，遠處山水相接，近處芳草茵茵，彷彿一曲恬靜的《漁舟唱晚》。

漁船上方掛著濕漉漉的漁網，看來這趟打魚歸來收穫滿滿。辛苦了一天的漁民們也迎來了難得的放鬆時刻。

裡側那條漁船上有四個漁民：一個中年男子坐在船艙之中怡然自得地吃著飯；艙外，一個年輕男子將飯碗放在船艙頂上，不知在低頭想些什麼；另外兩個年齡稍稍大一些的男子對坐在船頭，手中端著飯碗，悠然自得地吃著晚飯。

外側那艘漁船的船艙中，一個老婦人正在給一個七八歲、梳著朝天辮兒的小孩兒餵飯。船艙口站著一個梳著造型極為簡單的髮髻、身穿低價衫裙的婦女。一個年輕男子划著一葉輕舟來到這艘漁船近前，將什麼東西遞給了那個婦女——此人應該就是宋代的快遞員。那個婦女的丈夫原本盤著腿坐在船頭吃飯，見有人來了，趕忙扭過頭來看。

這些漁民苦中作樂的生活透過這幅畫投射進萬頃碧波之中，他們或許不會想到，若干年後那些平日裡頤指氣使的官員們也被迫接了一回地氣，體會了一把漁民的生活！

南宋嘉定元年（西元一二〇八年）三月，都城臨安（今浙江杭州）突發大火，御史台、司農寺等中央官署一下被燒毀。事後經過統計，這場突如其來的大火燒毀了五萬八

❶ 盤中的魚

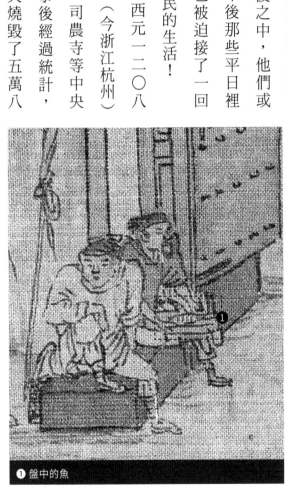

千零九十七戶宅子，城中房屋損毀率將近八成[12]，以至於很多平日裡養尊處優的官員都無處可住，只得借住在私人船隻上，每晚枕著波濤入睡！

宋人愛吃什麼魚

《清明上河圖》中繪有一處軍巡鋪，門口坐著一個年長的鋪兵，手中端著一個盤子，盤子裡盛著一條魚，可見魚已然成為宋人餐桌上的重要食物。不過當時還不流行魚類養殖，百姓們所吃的魚基本上都是漁民們捕撈的。

在《雪江賣魚圖》中，寒林雪景，白雪皚皚，山勢雄偉，江水漣漪。山下水邊有一處亭榭，一葉小舟停在近前，舟上站著一個頭戴斗笠、身披蓑衣的老漁翁，一手握著槳緩緩划向岸邊，一手提著新捕到的鮮魚。這處亭榭應該是一處

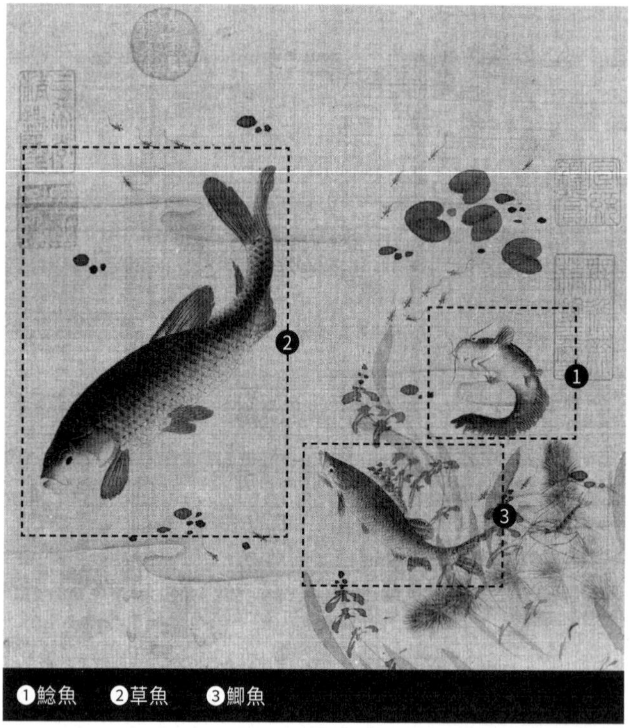

（南宋）陳可九（據傳）《春溪水族圖》

酒家，而這個漁翁或許是他們的老客戶了。人家看了一眼他手中的魚，從屋內緩緩伸出手，想要買下他手中的魚。

在畫面右下角，一個瘦骨嶙峋、形單影隻的老漁夫挑著兩個大筐，拄著一根拐杖，邁著蹣跚的步子走在溪橋上。為了生計，他不顧年事已高，不顧天寒地凍，向著那處酒家快步走去，迫不及待地想要將手中的魚賣出去。如今天寒地凍，鮮魚自然成了稀缺商品，他希望能夠賣個好價錢！

這些漁民賣的究竟是什麼魚？宋人又究竟喜歡吃什麼魚呢？

宋人的餐桌上時不時便會出現石首魚等海魚的身影，這是因為他們發明了冷鏈運輸，也

12 （元代）脫脫等《宋史・志第十六・五行二上》。

（南宋）李東《雪江賣魚圖》（局部）

就是在寒冷的冬季裡將冰塊儲存起來，等到春夏之際開海時，取出冬季所藏的冰將魚冷凍起來。這樣做能夠起到很好的保鮮作用，使得內陸居民也能有幸吃上新鮮的海魚。

不過宋人平日裡常吃的依舊是淡水魚，比如鯽魚、鱖魚、草魚、鯉魚、鯰魚、鰱魚等；還有一些江海洄游魚類，比如鰣魚、刀魚、鱘魚、鰉魚、河豚等。

第五節　船工的日子

經驗豐富的篙師

船工，顧名思義，就是在船上勞作的工人，根據各自分工又可分為篙師、舵工、水手和雜工四類。

篙師顧名思義就是撐篙的師傅。行船用的篙通常用竹竿製成，下端往往還會有鐵製的尖篙頭或鐵鉤。船逆流而上時，篙師將手中的篙用力伸向河底，助力船隻前行；順流而下時，篙師更多的是操控方向，避免與其他船隻發生碰撞；靠岸時，篙師一般會鉤住碼頭上已經停好的其他船隻，幫助所在船隻順利靠岸。

二號客船上的篙師

三號客船上的篙師

篙師職責重大，多是有著多年撐船經驗的老手，能夠隨時應對航行過程中的各種突發狀況。「詩聖」杜甫曾在《水會渡》中讚道：「篙師暗理楫，歌笑輕波瀾。」

造型各異的駕駛室

舵工就是船上掌舵之人。汴河船隻大多裝有可以根據水況隨時進行升降的舵，使得船隻無論身處順流還是逆流都能平穩航行，這項重大發明在當時處於世界領先地位。

現代船隻通常會將駕駛室設置在船頭，這樣駕駛員的視野會較為開闊，便於隨時觀察前方水域的情況，及時調整航向或者調節航速。不過這需要複雜的傳動裝置，宋人還做不到，只得將操控舵板的操作把杆安裝在與舵板距離最近的船尾，但問題也隨之而來：舵工在艙尾掌舵時視線勢必會受阻，就好比是蒙著眼睛開車，稍有不慎便會釀成交通事故！

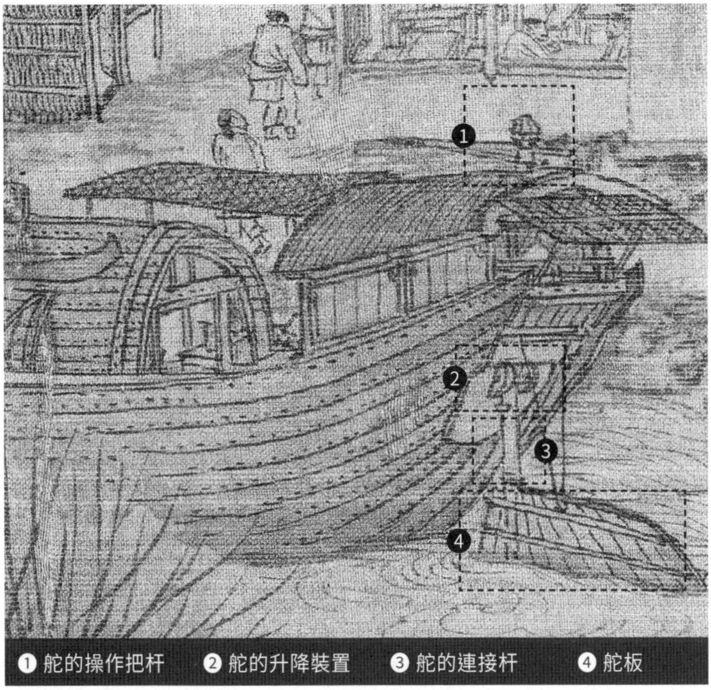

二號漕船露天駕駛室

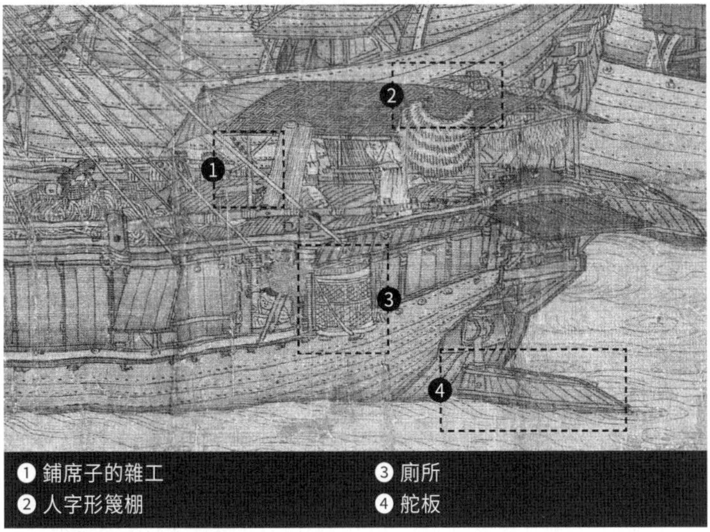

二號客船帶頂的駕駛室

四號客船帶頂的駕駛室

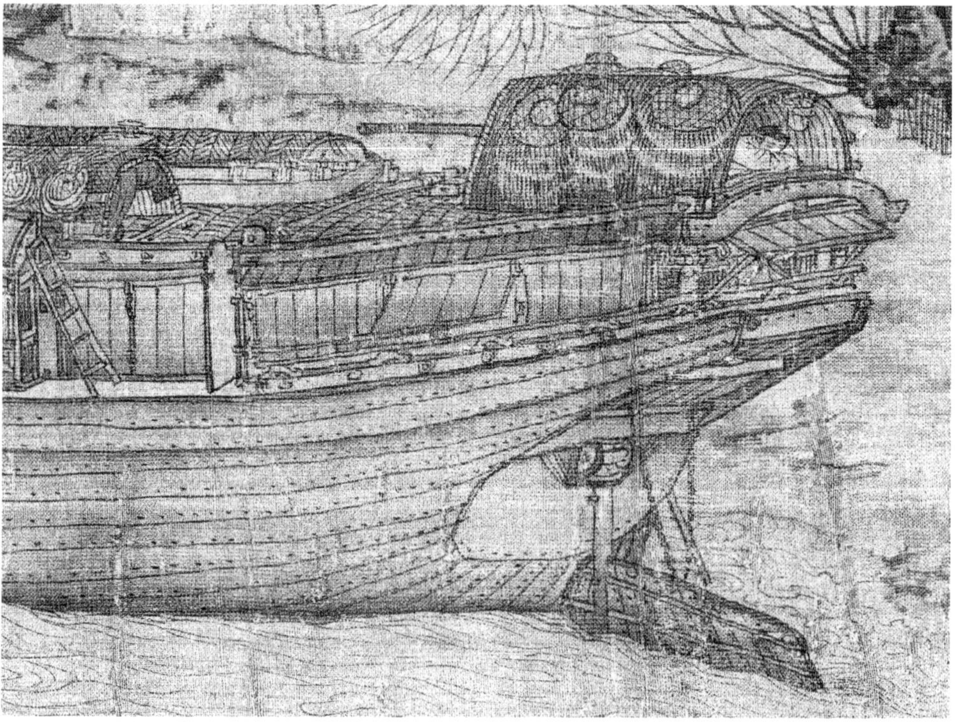

五號客船帶頂的駕駛室

❶ 舵的操作把杆　❷ 舵的升降裝置　❸ 舵的連接杆　❹ 舵板

被樹木遮擋的客船上帶頂的駕駛室

高檔船隻的船尾通常建有艄樓，操控舵板的操作把杆便設置在艄樓頂上。舵工們工作時站在船頂，忍受著風吹日曬雨淋：烈日炎炎時，頭上戴個斗笠；陰雨連綿時，身上披件蓑衣。苦澀的沙吹痛臉龐的感覺，像父親的責罵、母親的哭泣，永遠難忘記……

不過有的船的艄樓頂端還會搭一個人字形篾棚或涼棚，舵工待在棚子裡工作自然要舒服許多，不過這卻是可遇而不可求的事情！

五號客船船尾的艄樓頂上建有一個弧形涼棚，由於棚內高度有限，舵工在棚內無法站立，只能坐著或趴著來操控操作把杆，誰知趴

三號貨船船頭、船尾的長櫓

二號貨船相對密閉的駕駛室

著趴著便睡著了。

不過並非所有船隻的船尾都建有艄樓。汴河岸邊停泊著一艘被樹木遮擋的客船，它的船尾便是一個四面漏風的露艙，為了遮風擋雨便搭建了一個人字形篾棚，依靠四根木柱來支撐。若是舵工在篾棚頂上掌舵，一旦將棚子壓塌，摔成工傷可就麻煩了，因此只得將操控舵板的操作把杆放在船尾的甲板上。

二號貨船的船尾也沒有艄樓，同樣是用木棍支起了一個棚子。不過這個棚子卻是四面密閉，需要通風時會支起船尾的篾窗，然後再取下兩側的篾窗，若是下雨或天冷時也能將篾窗關閉，比其他棚子要舒適許多。

雖然上述兩艘船的船工可以在駕駛室內悠然自得地掌舵，但視野卻遠不如站在艄樓頂上開闊，時不時便要將頭探到艙外，看看外面的情形如何，一邊開船一邊還得默念著阿彌陀佛，求佛祖保佑！

賣苦力的水手與雜工

水手就是在船上搖櫓划槳或者起降桅杆的船工。船隻航行時，有風的時候需要依靠風力，水手需要根據風向不停調整桅杆方向或者升降船帆；無法借助風力的時候只能依靠人力。

人力划行時使用的用具主要是櫓和槳，兩者的外形比較相似，不過櫓卻要比槳更大更長，通常會架設在船尾，有時也會設在船頭或者在船側安裝櫓擔。櫓入水的一端通常呈弓狀，水手們用手搖櫓時會產生強大的推力，推動所在船隻快速前行。

船工之中還有一類人，因為太過年輕或者無一技之長，只能給篙師、舵工和水手們打打下手或者幹些搬運物品、洗菜淘米、打掃衛生等雜活，統稱為「雜工」。二號客船船頂便有正在鋪席子

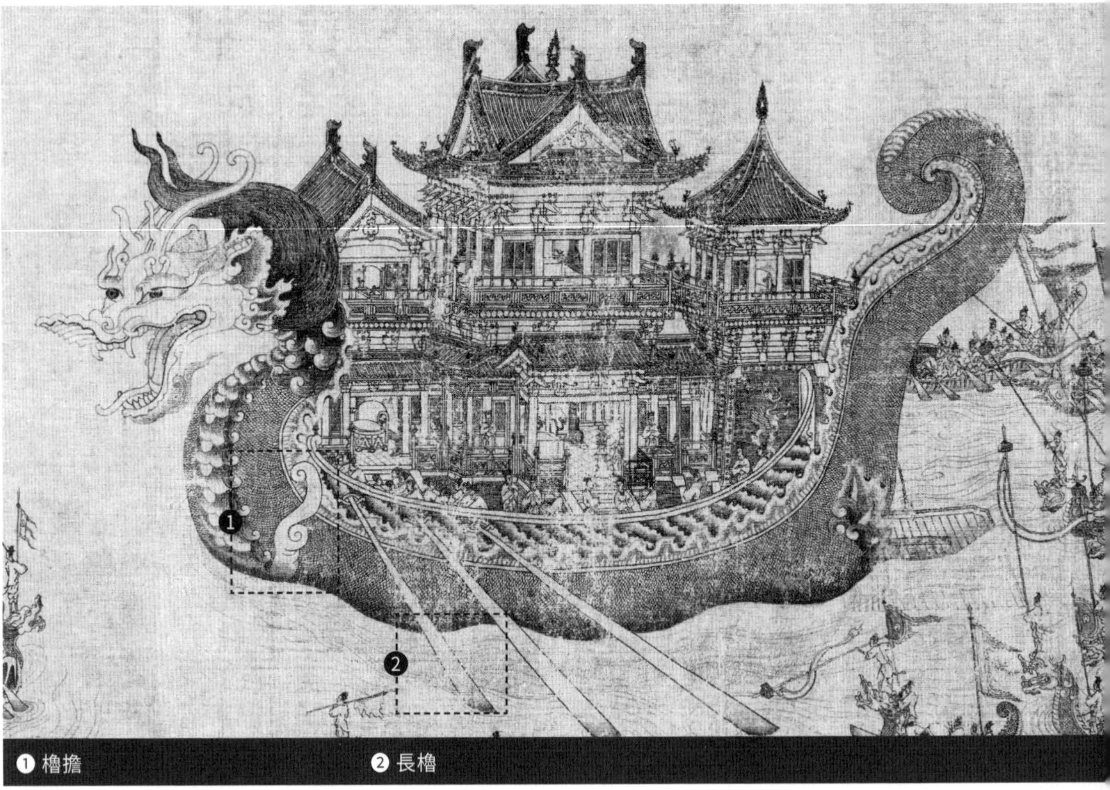

（元代）佚名《龍舟奪標圖》中安裝在船側櫓擔上的長櫓

二號客船上觀賞汴河風光的母子

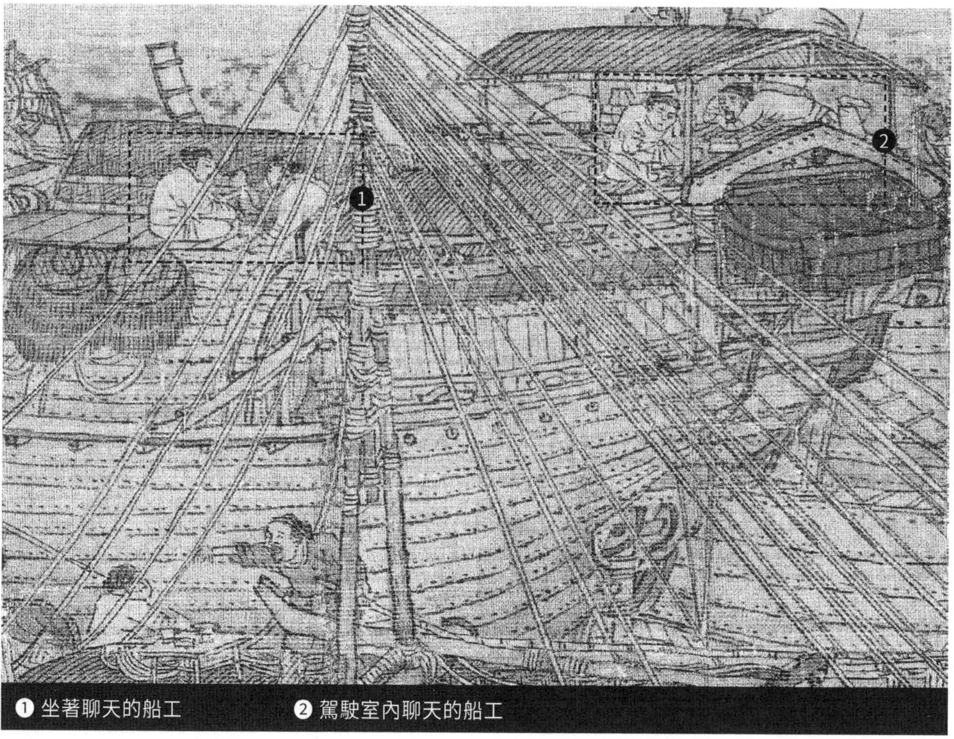

❶ 坐著聊天的船工　❷ 駕駛室內聊天的船工

五號客船上正在休息的船工

的雜工的身影。

與船同行的日子

在客船上，除了船工之外，往往還會有許多客人：有的是短途乘客，坐一程便會下船，但也有不少是長途乘客。客船需要滿足他們吃住拉撒等基本生活需求。

二號客船後部設有供客人們方便的廁所，但很多中低檔客船卻並不會給乘客提供方便的場所，乘客們恐怕只能自尋方便的地方去方便了！

停船之後，船工們大多喜歡爬到船頂上去吹吹風，聊聊

❶ 休息的船工　❷ 做飯的船工　❸ 木几　❹ 灶台

五號客船上做飯的船工

坐在二號客船船頂的船主

天，讓疲憊的身心得以放鬆。

無論是客船還是貨船，船工之中都會有專門或者兼職做飯的人。高檔客船上往往還會有專職廚師，給乘客們提供可口的美食。但貨船上負責做飯的船工的手藝可就有些參差不齊了——有的人做的飯，人能吃畜生也能吃；有的人做的飯，畜生能吃人也得吃！

逆流而上的二號客船在縴夫們的牽引下緩緩向前行駛，船工們都在緊張地忙碌著，不過卻有一人悠然自得地坐在船頂，若無其事地看著前方。他的身旁居然還放著一張方形小

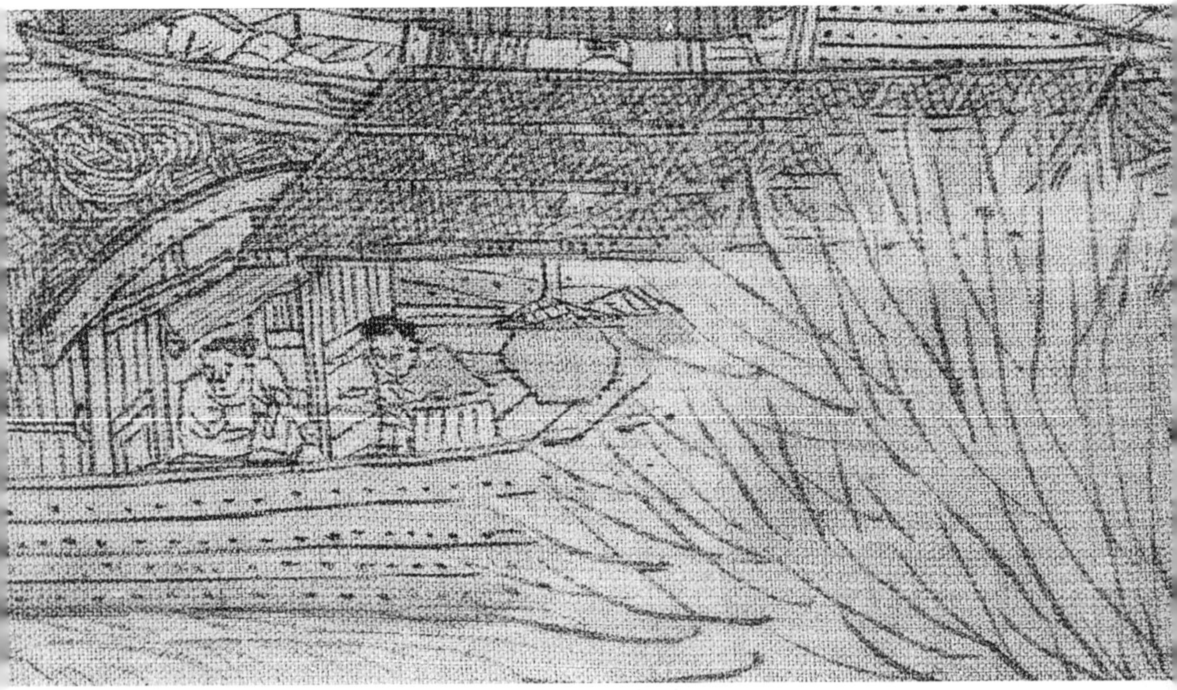

一號貨船船尾的女眷

桌，桌上擺著飲茶用具和點心。此人應該就是這艘船的船主！

大中型船隻往往都造價不菲，很多船主為了購置或修造一艘大船，通常會押上大部甚至全部身家，甚至還會典賣宅院田產，自然會將船視為自己的命根子。為了保證船隻安全航行，很多船主會選擇跟船，以便對船工們進行監督管理。

不過那些家財萬貫的大船主往往擁有很多艘船隻，自然也就不會將某艘船看得很重，況且跟船又是個苦差事。因此，他們往往會將船隻的大小事務統統委託給技術精湛且忠誠度高的老船工，類似於今天的船長，而他們自己卻過著花天酒地的生活。

汴河上的很多船隻都是長途航行，往來一趟可能需要數月甚至數年之久，因此船東和一些船工還會帶上自己的家屬。船尾便是他們休息生活的專屬區域，由於放著很多私人物品，因此乘客是不能隨意去那裡的。

一號貨船船尾的人字形篾棚內坐著一位女眷，緊張地望著前方那艘已然駛到虹橋邊卻還沒有放倒人字桅的客船。

一號客船是一艘豪華客船，不僅在船尾修造有舒適的艄樓，樓門口還修造了一個看上去很氣

一號客船船尾的女眷

派的後門庭，裡面露出一張女人的臉，應該是船東或者某位船工的家眷。
望著緩緩流淌的汴河水，她默默地想著心事，或許是在暢想自己未來的美好生活，不過女人的心思你別猜！

第二章　靠啥說走就走

第一節　宋代車子的款式

重型貨車的樣式

宋代有一種重型運輸車，名叫「太平車」。太平車車身上有車廂，卻並無車蓋，為敞篷樣式。車廂壁板前端有兩根長二三尺的木棍向前伸出，其上搭有一塊木板，駕車人便坐在上面揮舞手中的鞭子，驅趕拉車的牲畜向前行進。車上還掛著鈴鐺，行進時會發出清脆的響聲，與如今汽車上的喇叭有著相似的功能[1]。

太平車最多可搭載數噸重的貨物，通常需要二十多頭騾子或者驢子來拉，有時也會由五頭到七頭牛來拖拽。由於拉車的牲畜數量比較多，往往要排成前後兩行。清院本《清明上河圖》中便繪有這樣的太平車，拉車的驢子足足有二十頭之多，分為前後兩行，車後還有三頭備用的驢子。

1 （宋代）孟元老《東京夢華錄・般載雜賣》。

清院本《清明上河圖》中的太平車

途經劉家香鋪的太平車

《清明上河圖》中卻並沒有如此之大的太平車。劉家香鋪所在的那條街的街角處有兩輛太平車，後面那輛太平車只露出了拉車的四頭驢。這兩輛太平車都只由四頭驢來牽引，這是為何呢？

《東京夢華錄》中有這樣一句話：「官中車惟用驢差小耳。」[2]也就是官府所用太平車車身比較

虹橋橋北的平頭車

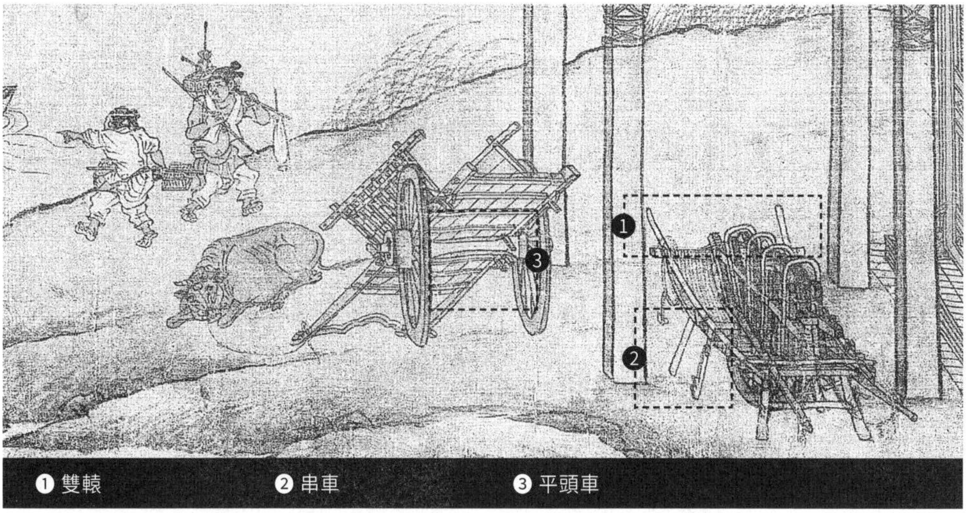

（五代宋初）衛賢（據傳）《閘口盤車圖》中的平頭車和串車

2 （宋代）孟元老《東京夢華錄．般載雜賣》。

小，用來牽引的驢子數量自然也會相應減少。

開封城中還有一種名叫「平頭車」的貨車，比太平車要小一些，也是敞篷貨車。不過由於《清明上河圖》畫面存在缺損，拉車的牲畜已然難以辨認了。

《清明上河圖》中還有一種專門給酒店運酒的特種平頭車。由於酒桶是圓形的，邊角很不規整，尋常的平頭車裝卸起來很不方便，這類特種平頭車的車底便設計為半懸空樣式，車底中間只有一塊狹長的木板支撐。之所以一塊木板托底就夠，是因為圓形酒桶受力點主要集中在中間區域，兩側受力通常會比較小。因此，這種設計既滿足了承運需要，也便於貨物裝卸。除了運送大酒桶外，平頭車還會運送一種名為「梢桶」的小酒桶，每只梢桶只能裝三斗酒，能賣一貫五百文。[3]

❶ 車底設計為半懸空樣式

城內「王員外家」旅館門外拉酒的平頭車

人畜混合動力的「串車」

根據《東京夢華錄》的記載，開封城中有一種獨特的獨輪車，它由前後兩人把駕，兩旁兩人扶住車拐，前面還有驢進行拖拽，稱為「串車」。《清明上河圖》中關於串車的描繪比較多，不過與《東京夢華錄》的記載還是有所出入：車子兩旁並沒有人來扶車拐，或許是為了節省人力而進行了適當的簡化。

護城河邊的這輛串車上裝滿了貨物，上面還蓋著一塊苫布，苫布上居然還寫有書法作品。看上去頗為高雅的書法作品為何要蓋在貨物上呢？這

3 （宋代）孟元老《東京夢華錄．般載雜賣》。

護城河邊的串車

汴河北岸的串車

（宋代）佚名《盤車圖》中的串車

不是白白糟蹋東西嗎？

有的學者給出了一種大膽的推斷，即《清明上河圖》作者張擇端借此來隱喻北宋新黨與舊黨之間慘烈的黨爭之禍：一派上臺，另一派便會遭殃，輕則貶官，重則抄家。更有甚者認為畫面所表現的是蔡京等新黨人士在徽宗時期執政後大肆查抄「元祐黨人」（也被稱為舊黨）的家，將「元祐黨黨人」蘇軾的書法作品推出城外燒掉！

汴河北岸一處小飯館的門前也停著一輛兩頭驢拉的串車，不過車主卻進店吃飯去了，串車也被支了起來。這輛車上也蓋著一塊類似的苫布，總不能同時有兩輛車不約而同地都去焚燒蘇軾的書法作品吧？宋代書法作品要麼寫在紙上，要麼寫在絹上，可無論是紙還是絹都不防雨，將其蓋在貨物上又有何用呢？其中的真

虹橋邊的串車

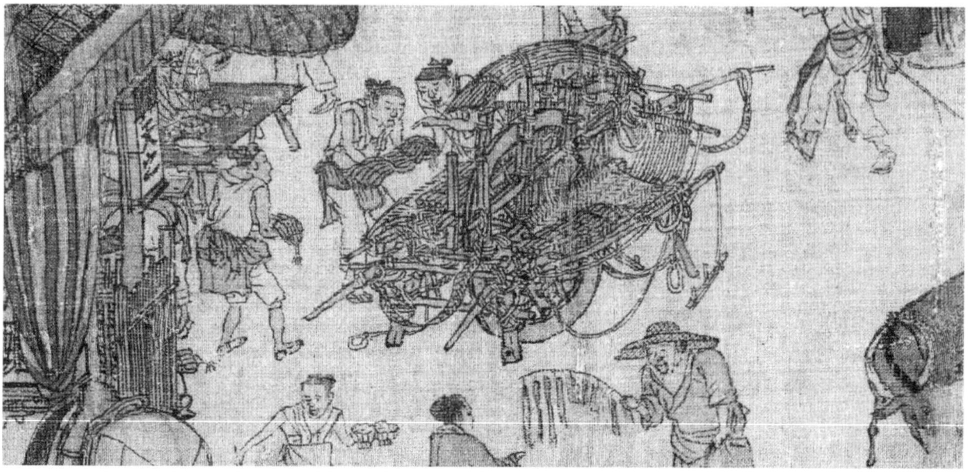

十千腳店門口的串車

相我們將在後面揭曉！

牛的體形比驢子要大上許多，無論是承載力還是耐力都明顯優於驢子，因此若是串車上運輸的貨物比較重，也會用牛在前面進行牽引。

《盤車圖》中的這輛串車的結構一覽無餘，碩大的車輪位於車子最中央而且會高出車底，在車輪隆起的地方有三個橢圓形架子，可以懸掛或搭載一些小物件，不過裝載的大宗貨物卻主要集中在車身兩側。

虹橋邊也有一輛串車，車輪上方的架子上放滿了貨物。負責拉車的那頭瘦骨嶙峋的牛看上去很是吃力，不知這輛串車上拉的究竟是什麼貨物呢？

在不遠處，也就是十千腳店門口，停著一輛幾乎一模一樣的串車，只是前面拉車的牲畜已經被卸下。車前的兩人似乎正在搬運什麼長條形狀的貨物，這其實就是用線穿好的銅錢，為了不至於太過引人注目而特意在外面罩上了一個布套。車旁還站著一人，一邊

劉家香鋪門前的手推車

王家布帛店旁的手推車

清點著銅錢數量一邊似乎還在說著什麼。

十千腳店是一家規模很大的腳店，每天來來往往的客人很多，自然需要大量的銅錢。這兩輛宋代的運鈔車看上去雖遠不如今日的運鈔車那般厚重大氣，不過卻也很是實用。

綠色環保手推車

開封城中也有不用牲畜牽引全靠人力來推的獨輪車，與串車的形制相仿，不過最重要的區別在於這種車的前面並沒有轅，因此無法駕牲畜。這種獨輪車相傳是三國蜀漢丞相諸葛亮在巴郡江州縣（今重慶）創制的，因此也被稱為「江州車」。

王家布帛店旁停著一輛形制比較小的獨輪車，車輪完全位於車板之下，類似於今天建築工地上運送沙子水泥的手推車。

多用途的客貨兩用車

在《清明上河圖》中，護城河邊有兩輛牛車，拱形車篷由篾席編織而成，兩側均有木質隔板，前後還設有同樣由篾席編織而成、可以向下開啟的半圓形車門，車上所載貨物依稀可見。這其實是一種在平頭車的基礎上改造而成的帶篷的客貨兩用車。

這兩輛車均由三頭牛來牽拉，不過卻是單轅而非常見的雙轅。轅就是車子伸向前方的直木或曲木，主要是為了駕牲口用。這輛車平直的單轅位於兩頭牛的中間，轅頭向下彎曲與軛（即短粗的弧形曲木）相連，軛壓在牛的脖頸處，轅固定在車廂兩側的軫木上。軛上還有一根橫木，被稱為「衡」，主要是為了促使兩頭牛的行進速度保持基本一致。最前面那頭牛的脖頸處並沒有軛，而是透過捆在身上的繩索與後面那兩頭連接在一起。牛的耐力比較好，因此這種牛車應該是可以走很遠路程的長途車！

在《閘口盤車圖》中，四輛帶車篷的牛車正在緩緩行進，車輛樣式與《清明上河圖》中的客貨兩用車頗為相似，不過側壁和門板均為木質。前面那輛車正在轉彎而被石頭所阻擋，剩下三輛車子均為常見的雙轅。

畫面最右側那輛車的牽引方式與其

護城河邊的長途客貨兩用車

❶ 雙轅 ❷ 軛

（五代宋初）衛賢（據傳）《閘口盤車圖》中的客貨兩用車

❶ 單轅 ❷ 套脖

（宋代）佚名《盤車圖》中的長途客貨兩用車

他車輛有所不同，由一前一後兩頭牛進行牽引。後面那頭牛位於車子的雙轅之間，轅下的軛正好壓在它的脖頸處；前面那頭牛的脖頸處也有軛，透過拴在軛上的繩索與車子連接在一起。

《盤車圖》中也有一輛類似的客貨兩用車緩緩行駛在盤山道上。這輛車由三頭驢和兩頭牛來牽引，採用的也是單轅，前面三頭驢的脖子上均套著套脖，透過拴在套脖上的繩索與車子連接在一起；後面兩頭牛的脖子上並沒有軛，而是把繩套拴在牛的脖子上。車頂也是由篾席編織而成，不過看起來卻要高檔豪華許多。

宋人居然愛乘牛車

皇帝擁有一支豪華馬車隊，對於馬匹和車輛都有著嚴格的要求。雖然車輛種類很多，但皇帝實際乘坐的卻只有五輅（即玉輅、金輅、象輅、革輅、木輅）、大輅和耕根車，其他車輛都是皇帝儀仗隊中的功能車。五輅之外還有副輅，以備不時之需；功能車之外還有屬車，以備不時之用，可見皇家馬車隊伍之龐大。

雖然皇家馬車隊看上去高尚又大氣，但使用頻率卻並不高。即便是大朝會、冊命皇太子諸王、任命重臣等重要場合，五輅也只是放置在大慶殿前的廣場上充充門面罷了。[4]

4 〔元代〕脫脫等《宋史・輿服一》。

皇帝儀仗隊中的馬車形制[5]

馬車名稱	馬匹要求	馬匹數量	車身要求	駕士數量	用途
玉輅	青馬	六匹	青色裝飾玉	六十四人	祭祀大禮
金輅	紅色馬	六匹	紅色鎏金	六十四人	宴飲賓客
象輅	赭白色	六匹	淺黃色並裝飾象牙	四十人	日常出行
革輅	黑嘴黃身的馬	六匹	黃色	四十人	作戰、巡視四方
木輅	黑鬃黑尾的紅馬	六匹	黑色	四十人	打獵
大輅	青馬	六匹	青色	六十四人	祭祀時乘坐此車從齋宮前往祭壇
耕根車	青馬	六匹	青色	四十人	前往田地進行勸農活動
進賢車（安車）	—	四匹	紅色	二十四人	—
明遠車（四望車）	—	四匹	紅色	四十人	—
羊車	小馬	兩匹	紅色，門簾繡著羊	童子十八人	—
指南車	—	四匹	紅色	十八人增至三十人	指示方向
記里鼓車	—	四匹	紅色	十八人增至三十人	記錄道路長度
白鷺車	—	四匹	紅色	十八人	—
鸞旗車	—	四匹	紅色	十八人	—
崇德車	—	四匹	紅色	十八人	消除凶兆

馬車名稱	馬匹要求	馬匹數量	車身要求	駕士數量	用途
皮軒車	—	四匹	紅色	十八人	—
黃鉞車	—	兩匹	紅色	十五人	—
豹尾車	—	兩匹	車首垂有豹尾	十五人	—

宋代皇帝日常出行主要是騎馬。在宋代，凡是有身分、有地位的男子幾乎都愛騎馬，通常不會坐車，因此宋代客車也被稱為「宅眷坐車」，一般只有女眷才會坐。

在《清明上河圖》中，臨近城門的十字街頭出現了一支豪華車隊，前面那輛車已經拐過了街角，後面那輛車正要拐彎。這兩輛車的形制幾乎一模一樣，車頂用棕絲覆蓋，如同歇山式屋頂。車廂四周裝有低矮的欄杆，

5（元代）脫脫等《宋史·輿服一》。

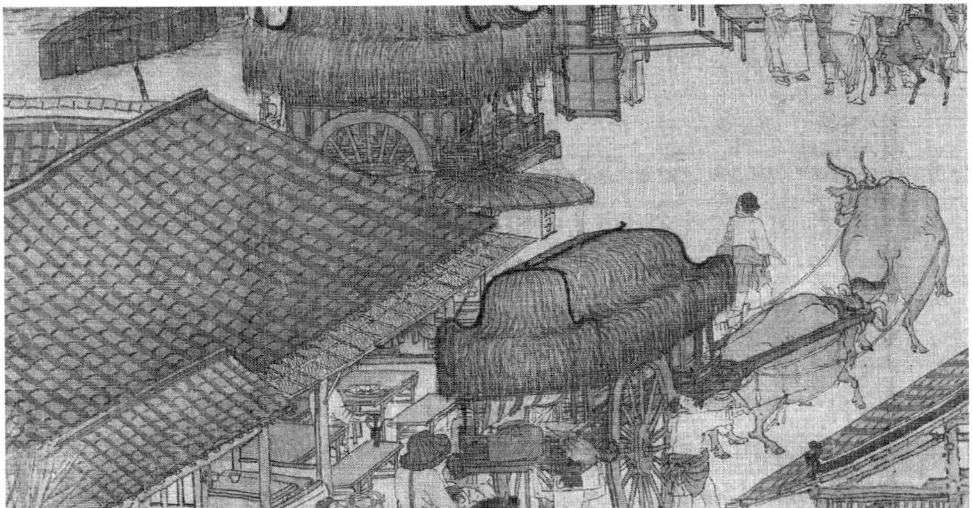

城門外十字街頭的豪華車隊

（宋代）朱銳《溪山行旅圖》（局部）

車門開在後面，門上掛有垂簾，車廂前面有寬闊的馭車座板，車廂後面有伸展的抵板。由於車身比較沉重，這輛車由兩頭牛來牽引。

豪華牛車可不是人人都能坐得起的，《溪山行旅圖》中的這款大眾型牛車無疑更適合普通民眾出行。這輛牛車為單轅，後面那兩頭牛的脖頸處有軛，前面那頭牛的脖頸處沒有軛，只是用繩索拴著。

女眷在車子裡坐著，丈夫在後面騎著驢跟著，可謂是宋代一家人出行的慣常模式。比較有趣的是，車子尾部居然還載著一隻寵物，似乎是一條狗。主人想必是擔心自己這一走，心愛的寵物難免會忍饑挨餓，於是帶著牠一起去遠行！

馬車為何不受待見

宋代有權有錢人家的女子雖然仍舊習慣於乘車，卻幾乎不再乘坐馬車，《清明上河圖》中也並未出現馬車的身影。為何曾經風光無限的馬車到了宋代會如此沒落呢？

其實牛車的地位曾經遠低於馬車，秦漢時期的貴族幾乎都不會選擇乘坐牛車。商人被認為是投機取巧、好吃懶做之人，於是政府便針對他們公布了諸多歧視性政策，其中一條便是不得乘坐馬車，也不允許騎馬，出門只能乘坐牛車，可見乘坐牛車曾經是一件多麼丟臉的事。

東漢滅亡後，三國兩

（隋代）敦煌 303 窟壁畫中的瓦當篷牛車

（隋代）敦煌 441 窟壁畫中的拱門篷牛車

（初唐）敦煌 62 窟壁畫中的喇叭口篷牛車

（西魏）敦煌 290 窟壁畫中的人字坡篷牛車

敦煌壁畫中的螺螄篷車

晉南北朝是政治大動盪的混亂時代，牛車的地位卻迅速提升，以至於很多身分顯赫的大官和富豪競相乘坐牛車。這是因為隨著玄學的興起，門閥士族壟斷政權，這些士族子弟不管才能高低均能夠出任要職，其中很多人羸弱得連馬都騎不動，卻能左右輿論、引領潮流。

騎馬和乘坐馬車居然被認為是行為放蕩的舉動，比如尚書江左酷愛騎馬，動不動便騎著馬遛上幾圈，結果因此被御史彈劾。正是受到這種思潮的影響，牛車漸漸成了高檔客車，車型慢慢變得豐富起來，裝飾也漸漸變得奢華起來，以至於連皇帝都會選擇乘坐牛車出行，瓦當篷、拱門篷、喇叭口篷、人字坡篷、螺螄篷等不同造型的車子一時間層出不窮。

（北宋）李公麟《西嶽降靈圖卷》（局部）

到了隋唐時期，牛車仍舊盛行，無論是皇親國戚、達官顯貴，還是低級官吏、黎民百姓，都熱衷於選擇乘坐牛車出行，以至於朝廷還專門公布了相關法令來確立牛車禮制：只有三品以上的高官才有資格乘坐通幰牛車，四品以下的官員只能乘坐偏幰牛車。兩者的區別便在於幰，也就是車上的帷幔。偏幰牛車通常為長轅高輪大車，車廂之上覆蓋拱頂，車廂兩邊或局部設置帷幔。通幰牛車與偏幰牛車最大的不同就是車廂上方寬大的帷幔會將整個車廂都罩住。

在《西嶽降靈圖卷》中，左側是一頂共計八人抬的轎子，一輛牛車緊挨著這頂轎子。車廂上方雖然並未懸掛帷幔，不過卻有帷柱，如果裝上碩大的帷幔，便可將整個車廂全都罩住，因此這是一輛通幰牛車。

馬車之所以越來越不受待見是因為乘坐時會產生劇烈顛簸。直到清末民國時期，中國使用的車子仍舊是兩輪車，即便是與兩千多年前先秦時期的車子相比，也沒有多少技術革新。由於中國始終未能研製出車輛轉向器，舒適性更高的四輪馬車遲遲未能投入使用。由於車輪是木質的，馬跑起來又比較快，即便採取一些避震措施，乘車人依舊會感到很是顛簸，選擇行駛更為平穩的牛車也就在情理之中。

可能很多人覺得牛走起路來總是慢騰騰的，怎麼能夠拉車呢？其實很多名牛的奔跑速度與馬不相上下，比如西晉時期的大富商王愷府上就有一頭名叫「八百里駁」[6]的牛，雖然日行八百里未免有些誇張，但這頭牛奔跑的速度絕不慢。王武子與王愷比賽射箭，王武子所下賭注為一千萬錢，王愷見狀只得押上自己最為鍾愛的「八百里駁」。雖然兩者未必完全等價，但好牛價格之高也可略見一斑。好牛不僅跑得快而且還跑得穩，這恐怕是駿馬所不能比擬的，所以牛車才會如此受追捧！

進入宋代之後，馬匹變得很是稀缺，自然很少用來拉車，因此早就輝煌不再的馬車愈加衰落，即便是曾經廣泛使用的牛車也大不如前，通常只有女人外出時才會乘坐。男

修車鋪

人們出門，有錢有權的通常會選擇乘馬，有點小權或者小錢的通常都會選擇騎驢，乘車漸漸成為女人的專屬。

由於，當時掌握社會話語權和主動權的一直是男人，因此越來越不受男人待見的車子自然也就很難再有所發展。車輛技術即便有所革新，也往往是為了載貨而不是載人。曾是身分地位象徵的車，在其他出行工具的強烈衝擊之下，漸漸淪為尷尬的配角！

開封城內的「服務廠」

車輛用久了自然會出現這樣那樣的問題，但也不用太過擔心，因為開封城中便有「服務廠」，既能修車，也能造車。

6　（南朝宋）劉義慶《世說新語．汰侈》。

在《清明上河圖》中，城門外十字街北側便有一處修車鋪，一個工人正在刨木板，另一個工人正掄著錘子在修理車輪，地上還散落著許多木條和各式工具，可謂是一副熱火朝天的修車場景。

下面我們來看看宋代車輪的結構。宋代車輪主要由輞、轂、輻三部分組成，輞是指車輪最外側的木框，轂是指車輪中心有孔的圓木，輻是連接輞與轂的木棍，與如今自行車上的輻條類似。

軸將車輪與車廂連接在一起，不過在車輛行駛過程中，在慣性作用之下，車輪與軸之間會產生很強的相互分離的作用力，因此需要安裝防止車軸脫軌的裝置。車軸末端與轂相交之處有個突起物，名叫「轄」，它的作用就是在車輪不停轉動的同時將軸死死地固定在凹槽內，「管轄」一詞便來源於此。

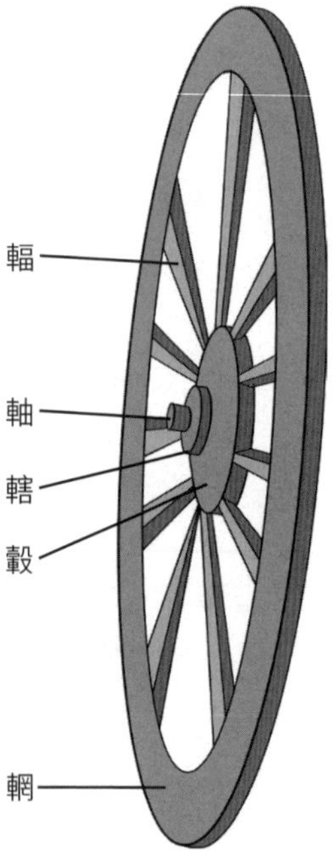

車輪

第二節　堪比跑車的駿馬

馬在宋代屬於高級奢侈品

宋代常用牲畜為牛、馬、驢和騾子，駱駝也得到了廣泛應用，不過牛、騾子主要用來拉車，駱駝往往只在邊陲地區騎乘，宋人日常出行以騎馬和騎驢為主。

驢性情比較溫順，跑起來也不是很快，自然很受女人們的青睞。妓女騎驢時常常是披著涼衫，將披巾放在自己的背後，繫在頭頂的冠子上，一路馳騁，常常會惹得那些騎著馬、穿著輕衫小帽的浪蕩少年跟過來，在她們身後吹著口哨，期待著能發生什麼香豔故事[7]。

不僅僅是女人，很多自命不凡的讀書人和超凡

7　（宋代）孟元老《東京夢華錄・駕回儀衛》。

開封城外郊野上騎驢的女子

虹橋邊騎馬的人

脫俗的隱士也喜歡騎驢出行，可見經濟實用的驢深受廣大社會中下層人民的鍾愛。

《清明上河圖》所繪的馬數量並不多，可謂是宋代馬匹匱乏的真實寫照，因此凡是能夠養得起馬的人非富即貴。

虹橋邊一個騎著高頭大馬的人向著城門方向緩緩走去，前面一個僕人左手拿著一根竹條在開道，右手牽著馬的韁繩，馬後還有一個隨從緊緊跟隨。

騎馬之人看上去一副憂國憂民的樣子，從他的穿著做派來看，顯然是個成功人士。

既然馬匹在宋代價值不菲，買馬時自然要悉心挑選，好馬都有哪些特徵呢？

唐代著名馬醫李石等人編著的《司牧安驥集．相良馬論》詳細介紹了好馬的典型特徵。挑選馬匹時，既要看馬的頭、眼、耳、鼻和口，還要看牠的形骨和馬蹄。真正的好馬頭要稍小，骨骼輪廓分明，腮部肉要少；眼睛既要大，又要圓潤飽滿而有光澤；耳朵小而尖立，轉動靈活；鼻子大而方，肉色紅潤；嘴要長而且嘴唇要厚實；牙齒整齊潔白，舌頭要薄；頸要頎長而又彎曲，鬃毛密實，肩肉多而平，腰背平直有力，彈性要好，尾骨高而垂；馬蹄前蹄圓，後蹄尖，薄厚適中，蹄質堅韌。

有了好馬之後還需購置一套像樣的馬具，這樣騎起來才會暢快，還能惹人注目，就好似如今開著高檔跑車滿街跑。

馬鞍，甚至馬鞍上所鋪的馬韉也有講究，通常都會飾以刺繡，圖案往往還會與官員品級掛鉤。按照北宋初年的禮制，只有宰相、使相（也就是帶宰相銜

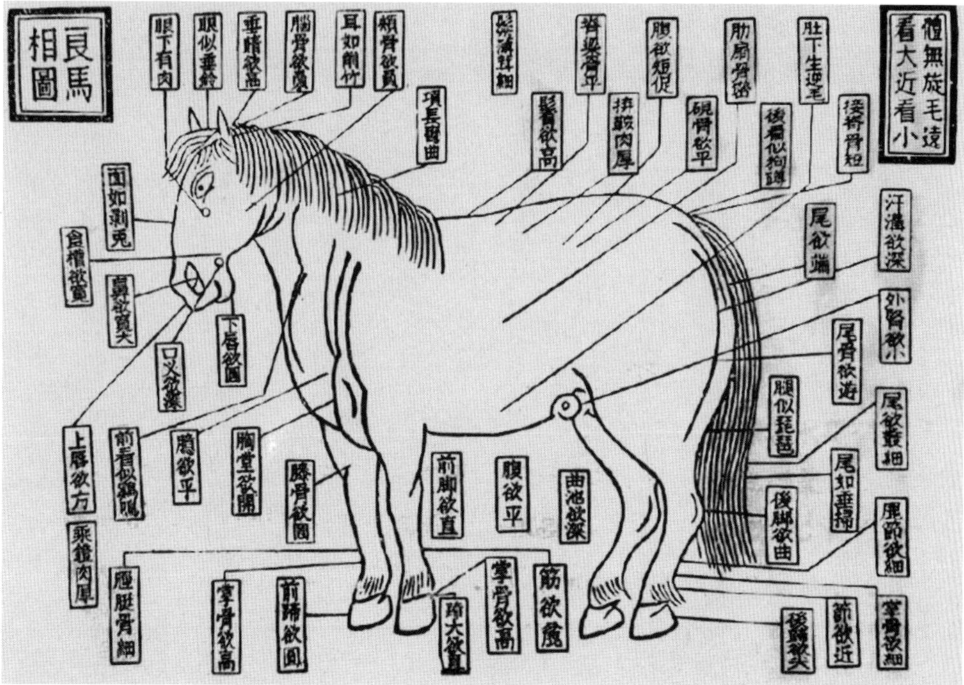

《司牧安驥集》中的相良馬圖

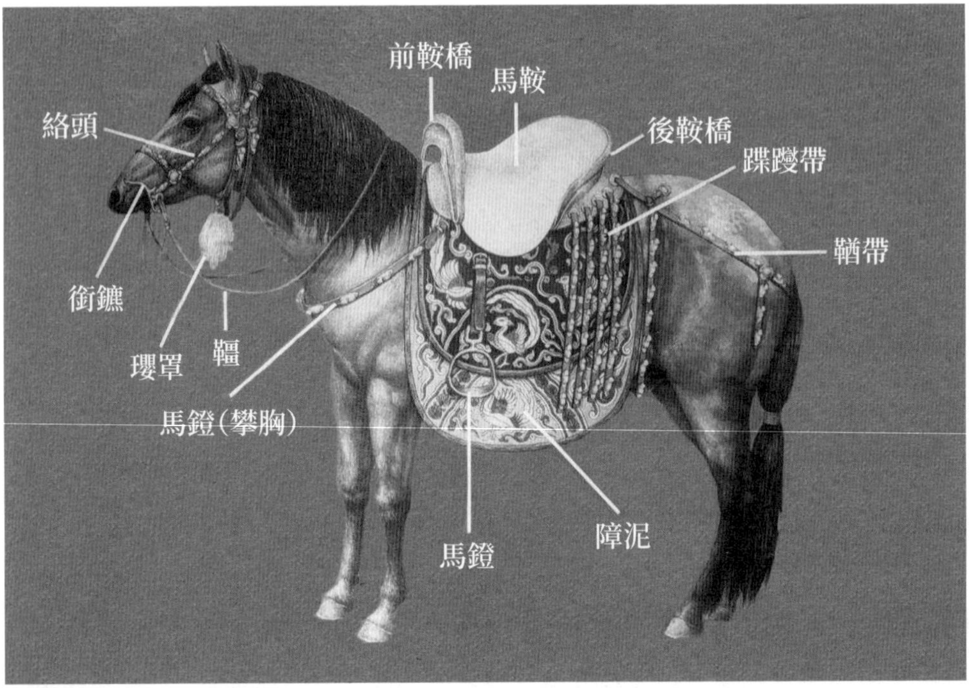

馬具圖

的節度使，相當於榮譽宰相）才能使用繡有寶百花的馬韉；只有參知政事（即副宰相）、副樞密使、宣徽使、節度使、駙馬等高級官員才能使用繡著盤鳳雜花的馬韉[8]。

關於馬韉刺繡的禮制規定，官營作坊裡的工匠們自然會知曉，但私營作坊中的一些工匠卻並不是太清楚。

景祐三年（西元一〇三六年），章得象升任同知樞密院事，他獲得了一副御賜的鞍韉，但他卻嫌繡工有些粗糙，於是便尋覓能工巧匠重繡，結果繡出的花紋卻是宰相所用[9]。僅僅兩年後，他果真被仁宗皇帝趙禎任命為宰相，這段陰差陽錯的經歷一時間被傳為佳話。

到了寒冷的冬日，官員們還會換上狨座。狨據說是生活在今四川地區的金絲猴。一件狨座往往要用數十片狨皮連綴而成，背面一般還縫有紫色的綺，周圍再裝飾簇四金雕法錦，可謂價值不菲。

擁有一副狨座可是身分地位的象徵，因為朝廷下令嚴禁普通老百姓使用狨座，還對允許使用狨座的官員品級進行了嚴格限定，不過範圍卻屢有變動，到了南宋初年，限定為文臣中書舍人（正四品）以上、武臣節度使（從二品）以上才能使用狨座[10]。

之所以會對狨座的使用範圍進行如此嚴格的限制，主要是考慮到大肆捕殺金絲猴將會給這個種群帶

8 （北宋）楊億《楊文公談苑．賜鞍韂》。

9 （南宋）吳曾《能改齋漫錄．神仙鬼怪．賜鞍韉文》。

10 （宋代）葉夢得《石林燕語》。

（宋代）佚名《春宴圖卷》

來難以想像的巨大傷害。沒有買賣便沒有殺害，宋人的動物保護意識居然也會如此之強！

那些獲准使用猻座的官員們自然可以在同僚面前大肆炫耀一番，奸相蔡京當權時便以一家擁有十三件猻座為榮[11]，最終卻落得個被抄家的下場。人不能把錢帶入墳墓，但錢卻可以把人帶入墳墓！

每年九月，那些高官們便會興沖沖地換上猻座，來年三月再撤下。不過朝廷並不會通知具體的更換時間，每每到了初冬時節，那些官員們便開始密切關注當朝宰相的一舉一動，等到宰相換上了猻座，他們才能換；見宰相撤了猻座，自己也得趕緊跟著撤，否則便是「不講政治」。

政和年間（西元一一一一——一一一八年），有一位在「九寺五監」任職多年的官員，覺得按照正常的遷轉次序，自己很快便會得到提拔，也將會獲得使用猻座的資格。

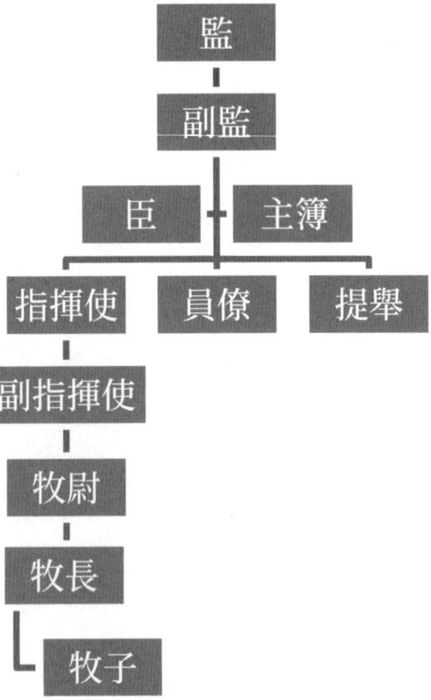

牧監官員設置情況

想到此，這位官員有些得意忘形，居然擅自置備了一套猻座。不過他很快便被告發，最終落得個「躁進」之罪[12]，淪為同僚們的笑柄，可見「心急吃不著熱豆腐」！

宋代為何如此缺馬

《清明上河圖》總共繪有四十六頭驢子，有拉車的，有拉貨的，有載人的，卻只繪有二十一匹馬，還不到驢的一半，可見馬匹在宋代是何等的稀缺！

由於馬匹是很重要的作戰裝備，因此歷朝歷代都會設立相關機構對馬匹進行管理。宋代國營馬場被稱為「牧監」，北宋設立了八十所牧監，南宋設立了三十五所牧監，專門負責馴養繁殖馬匹等牲畜並分派給禁軍、驛站以及其他政府部門使用。監、副監為牧監的正、副長官，牧監之下設群，每個群大約管理一百二十匹馬，設一名牧長，統領若干牧子，負責具體的飼養工作。每十五名牧長由一名牧尉進行監督管理[13]。

官馬數量是衡量一個王朝實力的重要指標，宋代官馬數量在太宗皇帝趙光義在位時達到了頂峰，高達二十一．二萬匹，不過其中十七萬匹卻是透過「括馬」從民間搜刮而

11（北宋）蔡絛《鐵圍山叢談》。

12（北宋）朱彧《萍洲可談》。

13（南宋）李燾《續資治通鑑長編．天聖四年九月戊申》、（清代）徐松《宋會要輯稿．兵二十一》、（北宋）竇儀《宋刑統．牧畜死失及課不充》。

宋代官馬數量變化[14]

年號	年份	馬匹數量	資料來源
太平興國四年	西元 979 年	21.2 萬匹	《宋史》
大中祥符六年	西元 1013 年	20 餘萬匹	《文獻通考》
天聖年間	西元 1023 年至 1032 年	10 餘萬匹	《文獻通考》
熙寧二年	西元 1069 年	15.36 萬匹	《宋史》《玉海》
熙寧八年	西元 1075 年	3 萬匹	《宋史》
宣和二年	西元 1120 年	9 萬匹	《文獻通考》
紹興十二年	西元 1142 年	1.3 萬匹	《文獻通考》《建炎以來系年要錄》

來，具有不可持續性，之後便一路下滑，降至十萬匹以下，甚至在南宋初年驟降至一．三萬匹。

我們再來看看唐代官馬數量。大唐立國之初從突厥人手中獲取了兩千匹馬，又得到隋代遺留下來的三千匹馬，憑藉這區區五千匹馬設立了隴右監牧。僅僅四十多年之後，到了高宗皇帝李治統治時期，官馬數量居然猛增至令人不可思議的六十．七萬匹。

歷經武則天篡權、韋皇后毒死中宗皇帝李顯、太平公主干政等一系列政治動盪之後，唐代官馬數量驟減，在開元初年只剩下二十四萬匹。不過經過十餘年的辛勤培育，到了開元十三年（西元七二五年）的時候，官馬數量增至四十三萬匹。

由於擁有規模如此龐大的官馬，唐軍作戰時可以毫不費力地出動數萬匹戰馬。天寶十三年（西元七五四年），也就是安史之亂爆發前一年，官馬數量仍舊保持在三二・五七萬匹[15]。

唐代鼎盛時期的官馬數量是宋代鼎盛時期的三倍，即便後來官馬數量有所減少，也大體維持在宋代中後期官馬數量三倍的水準。

唐代官馬數量為何會出現爆炸式增長並長期保有三十萬~四十萬匹的水準呢？這與唐代的強盛有著莫大的關係。唐軍在與周邊遊牧民族的作戰中保持著壓倒性優勢，比如有著「滅國戰神」之稱的名將蘇定方早年曾追隨大將李靖攻滅東突厥，後又親率大軍滅掉西突厥，還將位於朝鮮半島的百濟一舉剷除，一人滅三國而且生擒三國君主，可謂是彪悍至極。

一系列大捷使得大唐繳獲了不計其數的馬匹，比如貞觀四年（西元六三〇年），在攻滅西突厥一戰中，唐軍俘獲了數十萬頭牲畜；貞觀九年（西元六三五年），在討伐吐谷渾之戰中，唐軍俘獲了二十多萬頭牲畜[16]。那些被打服了、打怕了的遊牧民族也會主動獻馬示好，比如貞觀十七年（西元六四三年），薛延陀向大唐獻馬五萬匹，請求與大唐通婚[17]。

14 張顯運《宋代畜牧業研究》。
15 （北宋）宋祁等《新唐書・志第四十・兵》。
16 （北宋）司馬光《資治通鑑》《資治通鑑・卷一百九十四》。
17 （五代）劉昫等《舊唐書・本紀第三・太宗下》。

大唐從周邊遊牧民族手中獲取的馬匹數量保守估計也得有三十萬～四十萬匹，官馬數量短時間內猛增至六十．七萬匹也就不稀奇了！

大宋朝廷在與周邊遊牧民族的戰爭中卻是戰績慘澹，與強盛的遼朝交戰屢屢慘敗而歸，被迫簽署了澶淵之盟；與彪悍的金朝作戰更是望風而逃、不戰而降；即便是與實力明顯遜色一籌、疆域也限於一隅的西夏作戰也是敗多勝少。雖然北面的遼朝、金朝，西北的西夏，西南的吐蕃、大理、交趾（即今越南）都曾向大宋進獻過馬匹，但多是象徵性的，有時才僅僅進貢幾匹，多的時候也不過數百匹[18]，與薛延陀一次便向大唐進獻五萬匹馬根本無法同日而語。

唐代官馬數量之所以能夠維持在較高水準，還因為擁有優質馬場，隴右地區（今隴山以西地區，包括甘肅、青海、內蒙古西部等地）水草肥美，非常適合牲畜生長繁育，每年繁育幼馬數量都很龐大。可宋代每年最多繁育一萬餘匹馬，大多數時候只有區區幾千匹，到了南宋時期，有的年份居然僅僅繁育幾十匹馬。宋代馬匹的繁殖率為何會如此之低呢？

在中國大一統王朝之中，北宋疆域相對比較狹小，領土主要局限在北緯20°～40°的區域，邊境線東側從河北中部延伸，北至河套長城一線，西至陝西、甘肅、河西走廊以東的黃河中下游流域，西南到西藏、雲南以東。在短暫收復幽雲十六州之前，北宋領土面積僅為兩百五十四萬平方公里，還不到如今中國領土面積的三分之一。

南宋王朝偏安江南，疆域更為狹小，面積僅為一百七十二萬平方公里，北部邊界退至秦嶺、淮河一線，宋金之間形成了東起淮河、西至大散關（今陝西寶雞西南）的分界線，大致位於北緯二十度到三十二度。

唐代疆域變化比較大，總章二年（西元六六九年），疆域面積達到了驚人的一千兩百三十九萬平方公里，是北宋領土面積的四．八八倍，不僅囊括了中國西北地方，還將如今的中亞地區納入版圖之中，疆域內散布著很多水草肥美的優質牧場。

中國古代農牧業分界線從東北的大興安嶺東麓經遼河中上游，沿著陰山山脈直達鄂爾多斯高原東緣（河套平原除外），繼續沿著祁連山（河西走廊除外）再到青藏高原，這條線以南為農耕區，以西和以北則為牧區。

北宋時期，北部牧區被遼朝以及後來的金朝占據著，西北部的牧區被西夏、回鶻占據著，西南牧區被吐蕃、大理占據著，只有陝西、山西、甘肅、河北的部分地區為農牧混合區，可以勉強進行放牧活動。

到了南宋，由於找不到合適的牧場，有時甚至要到水塘之中去牧馬，《柳塘牧馬圖》

18 （元代）脫脫等《宋史．外國六》。

反映的便是當時牧馬的情形。由於缺少優質馬場，馬匹繁育始終是困擾大宋朝廷的一大難題！

北宋大臣李覺曾專門上書論及此事：馬匹從邊疆運至內地，離開賴以生存的環境，要麼不幸病死，要麼瘦弱不堪。一些居心不良的馬匹飼養員還時常偷盜馬料，中飽私囊，導致被飼養的馬匹時常吃不飽。為了洩憤，個別飼養員甚至會讓馬駒飲用石灰水，導致其慘死[19]。雖然朝廷設立了四十所專門負責馬匹繁殖的孳生監，在牧監中占比達34．78%，但由於優質牧場缺乏、牧養不得法、人員管理失當，導致馬匹繁殖率基本一直處於較低水準，嚴重依賴馬匹的進口。

（南宋）陳居中（據傳）《柳塘牧馬圖》

獲取馬匹的途徑

為了能夠獲得更多馬匹，北宋朝廷曾鼓勵百姓盜搶境外馬匹。太祖皇帝趙匡胤於太平興國四年（西元九七九年）下令，盜竊契丹馬匹獻給朝廷將會被賜予束帛[20]。北宋雍熙三年（西元九八六年），太宗皇帝趙光義北征遼朝，下詔招募邊陲豪傑過境搶盜遼朝馬匹，上等馬賞錢一萬文，中等馬賞錢七千文，下等馬賞錢五千文[21]，可見當時為了能夠籌集到足夠的戰馬，太宗皇帝已然有些著急了。盜搶境外馬匹的政策一直延續到了北宋滅亡，後來南宋又鼓勵老百姓盜搶金人馬匹，不過這種見不得光的方式能夠獲取的馬匹實在有限。

朝廷要想獲取大量馬匹只能透過購買的方式，購置標準通常為四尺二寸到四尺七寸之間，所購馬匹年齡在三歲至十三歲之間。天聖年間（西元一〇二三——一〇三二年），朝廷將購馬年齡限制在四歲至十歲之間[22]。康定元年（西元一〇四〇年），宋與西夏全面

19（南宋）趙汝愚《宋朝諸臣奏議》收錄（北宋）李覺《上太宗論自古馬皆生於中國》。
20（南宋）李燾《續資治通鑑長編．太平興國四年六月己巳》。
21（宋代）佚名《宋大詔令集．募邊城雄豪接應王師詔》。
22（元代）脫脫等《宋史．兵十二》。

開戰，軍隊急需大量戰馬，於是又將購馬標準降低為三歲至十四歲。

宋朝每年購馬量在兩萬至三萬匹，立國之初主要向對方支付銅錢或金銀，後來交易方式傾向於以物易物，有布、絹、帛等織品，還有珠寶，但最主要的還是茶和鹽。

西北地方盛行以茶換馬。西北遊牧民族愛吃肉，使得他們的胃腸道承受著巨大的壓力，茶雖有助於消化，可他們居住的地區幾乎不產茶，於是雙方各取所需。

廣西地區盛行以鹽換馬，廣西盛產海鹽而西南少數民族又普遍缺鹽，雙方也是各取所需。

購買途徑主要有三個。第一個是券馬，主要是吸引在邊陲養馬的少數民族來內地，讓他們以數十匹至一百匹為一券運至都城開封，行前需為每匹馬預付一千文錢，途中食宿和草料也由沿途官府供應，運到開封後由估馬司評估確定馬匹價格，購買後再分配給各牧監[23]；第二個是省馬，就是在邊州置場購買馬匹，由政府派人護送至京師或分配給諸軍；第三個是馬社，由陝西沿邊廣銳、勁勇等廂軍結社買馬，政府支付買馬錢，如經費不夠則由他們自籌解決。

還有一種最為遭人恨的方式——括馬。每當邊境發生大規模戰爭，朝廷便會強令百姓賣自家的馬，頗有些強買強賣的意味。雖說是買，支付的價款卻往往會低於市場價，有時甚至壓根就不給錢。

太宗皇帝趙光義為了北伐遼朝一次性向開封府界和地方諸州括馬十七萬三千五百七十九匹[24]，帶有飲鴆止渴的意味。等到神宗皇帝趙頊因討伐西夏而再度搜括馬匹時，能夠搜羅到的馬匹已然很是有限了，富庶的京畿地區只搜獲了三千四百七十六匹馬[25]。惱羞成怒的神宗皇帝只得公布嚴刑峻法，規定只要平民（並不包括官員）家中藏有馬而不賣給朝廷，一經發現馬匹沒收，當事人還需要受笞刑，於是出現了「人人以有馬為禍」的悲慘局面[26]。

到了南宋時期，馬匹更為稀缺，官府動不動便無償括馬，即便是官員都難以倖免。自家辛辛苦苦花了不少錢將馬養大，最終卻讓官府白白奪去，很多百姓一怒之下將自家的馬殺死後踏上逃亡路，以免連累了自己的子孫[27]。這種飲鴆止渴的做法只會使南宋的馬匹更為缺乏。

由於馬匹匱乏和草場缺乏，每年購馬和養馬的開支巨大，成為朝廷沉重的財政負

23（元代）脫脫等《宋史．兵十二》。
24（南宋）李燾《續資治通鑒長編．太平興國四年十一月辛丑》。
25（元代）脫脫等《宋史．兵六》。
26（南宋）李燾《續資治通鑒長編．元豐七年四月丙子》。
27（清代）徐松《宋會要輯稿．兵二十五》。

擔。馬匹只能配備給一線精銳部隊，軍事物資運輸等後勤保障工作基本上只能靠驢子來完成，因此《清明上河圖》中馬匹稀少也就不足為奇了！

開封城中的「出租馬」

在宋代，雖然絕大多數家庭根本養不起馬，但其中卻不乏有人仍舊有騎馬的需求，於是馬匹租賃行業便蓬勃發展起來，甚至連馬鞍等騎馬用具都有人對外出租。

租賃方式多種多樣，既有包月服務、包日服務，也有按次服務。服務內容也是多種多樣，有的只租馬，自己騎，屬於動產租賃行業；有的不僅僅是租馬，還會全程提供服務，屬於交通運輸業。若是求舒適，馭者可以在前頭牽著馬走；若是趕時間，馭者便會載著客人策馬疾馳。「出租馬」的業務有很多款，總有一款適合你！

由於馬匹租賃行業從業人員眾多，難免會有服務很差的，遇到此種情形，除了給個差評也是無計可施。

許將是北宋開國以來第四十八位狀元，北宋熙寧十年（西元一〇七七年），他任翰林學士，權知開封府事，可是榮寵一時的他卻遭遇到了惡劣服務。

北宋元豐二年（西元一〇七九年），朝中爆發了一起驚天大案，也就是元豐太學案。太學生虞蕃一紙訴狀告到了神宗皇帝趙頊那裡，直斥太學之中種種令人氣憤的黑幕。

太學生分為外舍生、內舍生和上舍生三個等次，外舍生不限人數，內舍生的名額為兩百人，上舍生的名額為一百人。誰要是能升到上舍生便意味著擁有了大好前程。

上舍生中的上等生奏報朝廷後可以直接被授予官職；中等生可以不用參加前面的考試直接參加最後的殿試；下等生可以不用參加發解試，直接參加省試，也可以留校充任學正、學錄等教職。不過誰能升為內舍生，誰能升為上舍生，可不是全看考試成績，甚至壓根就不看考試成績。

虞蕃控訴那些升任上舍生、內舍生的太學生非富即貴，像他這樣出身貧寒之人即便再努力也是無濟於事。虞蕃的控訴刺痛了很多當朝權貴敏感的神經，也好似捅了一個大大的馬蜂窩，導致很多太學生被逮捕。

許將也是個讀書人，自然很同情那些被無辜逮捕的太學生，於是便設法釋放了一些人。誰知此舉卻成為政敵構陷詆毀他的負面消息。御史中丞蔡確藉機將其「留置」於御史台，經過一個多月的審理，此案才得以結案，許將可謂吃盡了苦頭。

御史台的官員告訴許將今夜便會放其出去，於是他托人給府上傳去消息，命自己的僕人將馬取來，在御史台大門口候著。可就在他即將被釋放時，御史中丞蔡確卻說還有些細節需要找他核實，一直過了二更天才將其釋放。

許將步履蹣跚地走出御史台的大門，卻發現門前空無一人。原來，府上的僕人的確按照他的吩咐，牽著馬一直在門外候著，卻始終不見主人出來，見天色已晚，覺得肯定是中間出了什麼變故，於是便擅自回府去了。

如今已是深更半夜，重獲自由的許將卻陷入有家難回的尷尬境地。門口士卒見他著實可憐，便說御史台有規定，凡是放出去的官員如行動不便可以代為租賃馬匹。

那個士卒果然為他租來了一匹馬，許將踉踉蹌蹌地爬上馬背，還沒來得及抱緊坐在自己身前的馭者的腰，那個馭者便揚起手中的鞭子向著胯下馬狠狠地抽了過去。馬被抽得生疼，高高揚起前蹄，居然將尚未坐穩的許將重重地摔在地上，腰和膝蓋都被摔傷了。

馭者趕忙跳下馬，將受傷的許將重新扶上馬，然後一揚鞭疾馳而去。夜晚的開封城雖然熱鬧非凡，但「出租馬」的運營截止時間卻是三更天，眼瞅著時間將近，馭者心中自然是焦急萬分。坐在馬上的許將卻倒了大霉，被顛得東倒西歪，胃裡一陣翻江倒海。

許將住在甜水巷，等到了府門前卻發現大門緊閉。許將有氣無力地坐在府門前的臺階上，命馭者前去叫門。馭者詢問他的姓名，許將便如實相告。馭者一聽，趕忙跳上馬一溜煙地逃走了。

此時身心交瘁的許將已然沒有力氣叫門了，當時已是初冬時節，寒風蕭瑟，涼氣逼人，他卻只能在臺階上苦等，直到天亮了，府內有人出來，他才得以進府去[28]。這還不是最讓他心痛的，他因這場始料未及的政治風波被貶為蘄州（治所位於今湖北蘄春）知州。

除了遭遇惡劣服務外，租馬過程中有時也會遇到一些令人啼笑皆非的趣事。

仁宗朝，開封府有個軍巡判官名叫孫良孺。軍巡判官為軍巡使的副手，是個八品小官。他的日子過得比較拮据，買不起馬，也養不起驢，若是因公事需要去很遠的地方辦差便會租馬騎。

某日，開封府有一批犯人要在法場被處斬，孫良孺奉命前去監斬，於是便又去租馬。按照慣例店主會問他去哪裡，還要問是單程還是往返，因為往返的價格是單程的好幾倍。所以，店主總會習慣性地問一句：「你去了還回來嗎？」

那日，孫良孺說自己要去法場，馬主人依舊習慣性地問：「你去了還回來嗎？」法場是殺人行刑的地方，這句原本平淡無奇的問話在此情此景之下卻充滿了滑稽的意味，一時間在開封城內傳為笑談[29]。

28（北宋）魏泰《東軒筆錄》。

29（北宋）魏泰《東軒筆錄》。

第三節　轎子裡面有乾坤

轎子的前世今生

轎子的前身為輦和輿。輦本是宮中一種有輪子的便車，最初被稱為輦車，靠人推著或者拉著前進，類似於《九歌圖卷》[30]中的那輛車。不過乘坐早期的輦車時卻並不是垂坐，而是盤坐或者站在車中。

後來輦車上的輪子卻被拆除了，由人扛著走，於是便改稱「輦」。唐代皇帝大多喜歡在宮中以輦代步，《步輦圖》是目前所能見到的最早的皇帝乘輦的畫作。

在《步輦圖》中，唐太宗李世民端坐在步輦之上。步輦其實就是一塊近似方形的木板，太宗皇帝盤坐在輦上，步輦前後各有兩個長長的手柄，各有一名宮女緊緊攥

（宋代）佚名《九歌圖卷》（局部）

著手柄抬著他走，此外還有六個宮女服侍在他的身旁。

到了宋代，陶穀創制的大輦要用六十四個人來抬，彰顯了皇家氣派，但宋代皇帝卻不似唐代皇帝那麼癡迷於乘輦。

再來說說輿。輿原本是所有車子的統稱，後來出現了一種專門由人來扛的步輿，成為皇宮中的代步工具，之後傳入民間，通常為老人的短途代步工具。

步輿依據抬輿之人受力部位的不同又分為肩輿、腰輿和襻輿。抬輿之人扛在肩上的步輿，稱為「肩輿」，也叫平肩輿；抬輿之人只將手抬至腰部位置的步輿，稱為「腰輿」，與《步輦圖》中所繪差不多；抬輿之人一手抬著輿上的杠子，同時將輿杠上的襻帶繫在自己身上的步輿，稱為「襻輿」。

30 《荀子．大略篇》楊注：「輦謂人挽車。」《呂氏春秋．本生篇》高注：「人引車曰輦。」

（唐代）閻立本《步輦圖》

城內大街上的轎子

晚唐以後，隨著椅子的廣泛使用，人們習慣垂足而坐，無論是步輿還是步輦已然難以適應人們的需求，於是一種新型交通工具呼之欲出。

最初是在一把椅子上插上兩根杆子，人坐在椅子上被人抬著走，類似如今四川地區仍在使用的「滑竿」。不過後來為了避免日曬雨淋，又在椅子外面罩上了一層罩子，至此轎子便誕生。

腳夫們所抬的舁竿位於轎身腰處位置，使得轎體重心降低，抬起來更為穩便。之前，人們乘坐肩輿時重心通常會比較高，四面又沒有什麼遮擋，會有一種搖搖欲墜的感覺；乘坐腰輿時離地面比較近，體現不出高高在上的感覺，不過轎子的誕生卻解決了上述難題。

餐館外停放的轎子

在宋代，轎子仍舊處於初創階段，有著簷子等各種各樣的稱謂，起初並不太受人重視，不過到了南宋晚期，卻成為身分地位的象徵。這中間到底經歷了怎樣的重大轉變呢？

坐轎之風盛行

城內大街上有兩頂轎子，一前一後行進著，形制幾乎一模一樣，前面有轎簾，側面還開有一扇小窗。後面那頂轎子上的窗子半開著，露出了一張女人的臉。

《清明上河圖》中所繪的轎子多是尋常人家的轎子，皇家的轎子無疑要比這些轎子氣派許多。

關於《人物故事圖卷（迎鑾圖）》描繪的究竟是什麼場景，史學界一直眾說紛紜，目前比較有影響力的說法是南宋紹興十二年（西元一一四二年），平樂郡王韋淵奉高宗皇帝趙構之命，率領儀仗奉迎宋徽宗趙佶和鄭皇后的靈柩，同時迎接高宗皇帝的生母韋皇后南歸。畫面之中出現了十二人抬的大轎，高宗皇帝的生母應該就坐在此轎之中。

由於乘轎之人越來越多，因此太宗皇帝趙光義曾下令「非品官不得乘暖轎」。暖轎是指轎頂使用布蓋、四周飾有布帷的封閉型轎子，又被稱為暗轎。不過這項禁令到了北宋中期以後卻漸漸鬆弛，乘坐轎子的普通百姓變得越來越多。

不過北宋時期，有身分的男子幾乎不乘坐轎子，轎中坐的幾乎都是女人。官員們通常會選擇騎馬，只有遇到雪天雨天道路泥濘時才會偶爾乘

（宋代）佚名《人物故事圖卷（迎鑾圖）》（局部）

轎。一些行動不便的老臣或者病重的官員獲得皇帝恩准後才可以乘坐轎子，通常都會誠惶誠恐地給皇帝呈上《謝肩輿入內表》。

北宋的士大夫們受儒家學說影響，胸懷天下，心繫黎民，絕大多數人都對乘坐轎子心存抵觸，不願以人力來代替畜力，王安石等許多北宋名臣皆是如此。

不過這種局面到了南宋時期卻發生了根本性改觀。偏安一隅的南宋王朝始終有一種朝不保夕之感，官場上奢靡之風也是越來越盛行。江南地區多山，騎馬在崎嶇的山路上馳騁既危險又顛簸，坐轎子無疑要舒適許多。南宋的官員們只管自己舒適快活，哪裡會管抬轎之人的辛苦。當然還有一個客觀原因，南宋時期馬匹稀少，皇帝只得允許官員們乘轎，最終造成了「南宋無官不乘轎」的局面[31]。

這個習慣一直延續到了明清時期，由於轎子成了官員出行必備的交通工具，以至於轎子越造越大，抬轎之人越來越多。明萬曆六年（西元一五七八年），當朝內閣首輔張居正從都城北京趕回江陵老家奔喪，來回乘坐的居然是三十二人抬的大轎。轎子發展到此時已然是對人力物力財力的極大消耗，逐漸走向消亡

31 （南宋）黎靖德《朱子語類》。

也就成了必然！

這頂轎子背後的奧妙

在《清明上河圖》中，城外郊野上有一支隊伍向著城裡方向緩緩行進，隊伍前方有一頂轎子，轎子上似乎插著樹枝之類的東西。《東京夢華錄》記載：「轎子即以楊柳雜花裝簇頂上，四垂遮映。」[32]清明節時，開封市民習慣於將楊樹、柳樹的樹枝以及各種雜花放在轎頂，垂下來之後幾乎將整個轎子都遮蔽起來。這頂轎子所反映的究竟是不是這個清明時節特有的風俗呢？

對此，學界一直莫衷一是，因為這牽涉到一個重大問題：《清明上河圖》中的「清明」二字究竟是何意？流傳最廣的說法自然是清明節，但也有學者認為是「政治清明」之意，還有學者認為是清明坊（開封府京東第一廂下轄的坊）之意。對「清明」二字的不

城外郊野準備進城的隊伍

同理解又衍生出了另外一個問題：圖中所描繪的究竟是哪個季節？是春季，還是秋季，抑或是四時景？

其實早就有學者對傳統的「春景說」提出過質疑[33]，還特地列出了六條證據：

第一，郊外有五匹載著木炭的驢子向城中而來，這些木炭是東京準備過冬禦寒用的。

第二，一家農場中放著石滾，看樣子好像剛打過秋收莊稼。

第三，扇子和草帽的出現，用以驅暑遮陽。

第四，一個飲子鋪的招牌上寫著「暑飲子」。

第五，虹橋南岸、北岸、橋上有幾處攤子上放著切好的西瓜塊。

32 （宋代）孟元老《東京夢華錄．清明節》。

33 孔憲易《清明上河圖的「清明」質疑》，《美術》一九八一年第二期。

郊外的農家院

荒蕪的田地

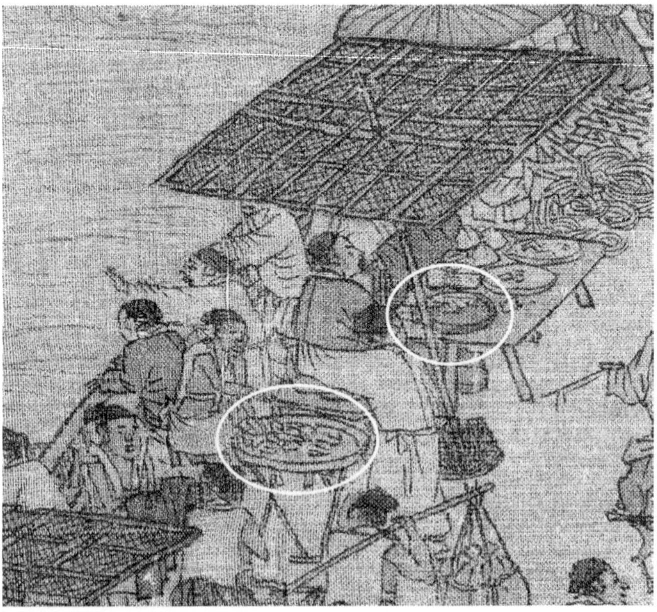

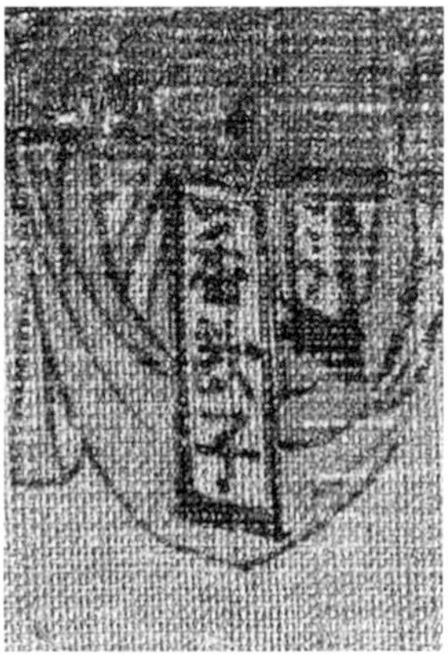

虹橋上的小攤販

第六，一家酒店門前的酒旗上寫著「新酒」二字。

不過很快便有學者對此提出了質疑，結合那些質疑的聲音，筆者談一下自己的看法。

先來說一說木炭。木炭除了取暖外，還廣泛用於生火做飯等居民日常生活，許多手工業作坊也需要用木炭作燃料，因此開封城中一年四季都需要大量木炭，並非只有到了秋季為過冬做準備時才會向城內運炭。

再來說說石滾。郊外一戶農家院中放置著一個石滾，但看不出剛剛碾過秋收莊稼的跡象，也可以理解為春季時閒置在院內。不過春季

十千腳店門前的酒旗

田地裡應該是一副欣欣向榮的景象才對，但畫中的田地看起來卻有些荒蕪，似乎不太符合常理。

再來說說飲子鋪。城內「王員外家」旅館旁邊有一家飲子鋪，遮陽傘下掛著一塊木牌，不過上面寫的是「香飲子」而並非「暑飲子」。

再來說說西瓜。虹橋邊的幾個小攤上的確擺著一些條形塊狀物，與切好的西瓜看上去很像，但據此便認定這就是西瓜塊，未免缺乏說服力。況且西瓜來自西域，北宋時期的開封究竟有沒有西瓜，目前在學術界還存在著爭議。

最後說說新酒。富麗堂皇的十千腳店門前掛著一面酒旗，雖說酒旗上的文字因時間太過久遠而有些脫落，但仍舊能夠認出上面寫的是「新酒」二字。

城外汴河邊有一處酒家門前掛著「新酒」字樣的酒旗，雖然文字有些斑駁，但還是能夠依稀辨認出上面所寫為「新酒」。

❶ 新酒

城外汴河邊的一處酒家

新酒在唐宋時期有著特殊的含義，並非所有新上市的酒都能被稱為新酒，只有在夏秋之際用新近成熟的小麥所釀的酒才能被稱為新酒，中秋前後飲新酒也成為當時人們的一種習俗。[34]很多歷史文獻對此均有所記載，這是不爭的事實。

雖說新酒是中秋前後釀造的，但新酒的銷售時間卻不僅僅局限於秋季，如果釀造的新酒數量比較多，轉年春季也會繼續銷售，很多宋人也會在春季飲新酒。

北宋詩人張方平在《都下別友人》中寫道：「海內故人少，市樓新酒醇。與君聊一醉，公袂此殘春。」

34（宋代）孟元老《東京夢華錄・中秋》記載：「中秋節前，諸店皆賣新酒。」（南宋）耐得翁《都城紀勝・酒肆》：「天府諸酒庫，每遇寒食節前開沽煮酒，中秋節前後開沽新酒。」

用扇子擋臉的人

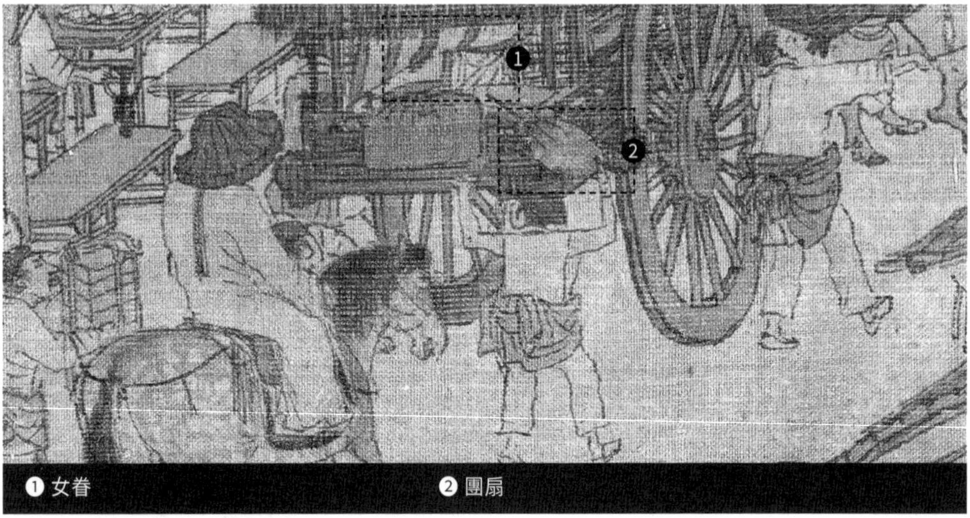

豪華牛車內的女眷接過團扇

南宋詩人陸游在《春日雜興十二首　其十》中寫道：「陰晴不定春猶淺，困健相兼病未蘇。見說市樓新酒美，杖頭今日一錢無。」從北宋到南宋，百姓一直有春季飲新酒的習俗，因此新酒並不只會在秋季出現。

上述論據似乎都有些站不住腳。扇子和草帽雖是夏季常見之物，卻並非只能在夏季使用。一些買不起帽子的窮苦百姓只能戴草帽擋風。扇子也不再僅在夏天扇風時才會用到，而是成為身分地位的象徵。

在《清明上河圖》中，一個騎馬之人扭過頭，似乎想要和某人說話，但那人卻將扇子擋在自己的面前，扇子此時無疑又有了其他的用途。

不過畫中卻有一個耐人尋味的細節，城外丁字街頭的那輛豪華牛車車廂之中，一個女眷

孫羊正店門口光著膀子的夥計

臨近郊野的小茶肆門外脫掉上衣的人

輕輕撩開簾子，隨從心領神會地快步走上前去，遞給她一把團扇。如果是某人在冬春季節為了附庸風雅拿把扇子倒也不足為奇，但她為何會迫不及待地索要扇子呢？

對此最為合理的解釋恐怕是車內較為悶

熱。若是清明前後還不至於這麼熱，不過在秋季，暑熱還未徹底散去，車內又相對封閉不通風，她才會如此急切地索要扇子。

我們再將視線移回那頂奇特的轎子。有的學者認為轎頂上放的東西其實是在初秋「報秋成」時用的「麻谷窠兒」，「窠」應該就是「棵」的意思，也就是將一大棵農作物綁在轎子上。在祭拜先人的時候特地將自家轎子裝點成這個樣子，是想稟告自己的祖先今年收成還不錯。

其實《清明上河圖》中有很多被認定為反映清明節風俗特徵的場景，若說成是秋景也能說得通，比如王家紙馬店門前堆積如山的紙馬。清明節自然是祭奠先人的日子，但中元節（陰曆七月十五日）前後宋人也會掀起祭奠祖先的高潮。

我們不妨再來看看那個抬轎的轎夫，他穿的居然是短褲。孫羊正店門口的兩個夥計穿得更少，居然光著膀子練習拉弓。臨近郊野的小茶肆門外也有一人脫掉了自己的上衣，將其圍在腰間。

北宋末年位於兩個小冰河期之間，天氣自然要比今天更為寒冷，即便是在全球氣候變暖的今天，在清明節前後的河南，恐怕也很少有人會穿得如此之少。

雖然個別窮苦人因沒錢購置長衣長褲，只得穿短衣短褲過冬，但《清明上河圖》中卻有五十多人穿著短褲或七分褲，上身穿得也比較少，因此這並非是個特例而是普遍現象。這恐怕便只有一種可能了——畫中所描繪的並非是春景而是秋景！

若是剛剛經歷了嚴冬，氣溫雖已開始回暖，但也並不至於讓人感到很悶熱，人們自然不會一下子穿得很少。可若是剛剛經歷了酷暑，儘管已是秋風蕭瑟，天氣轉涼，但很多忙於勞作的底層勞動者還沒有來得及換上冬裝，這也就是很多畫中人穿得比較少的原因！

筆者認為《清明上河圖》中的「清明」二字應為政治清明之意，描繪的其實是秋景而非春景！

參考文獻

〔1〕劉吉淼，《清明上河圖》中宋代陸路交通工具的考古學觀察〔J〕。長江叢刊，2019（21）：2。
〔2〕雲弓，宋代官員的打的生活〔J〕。人才資源開發，2009（6）：1。
〔3〕趙蕊，唐宋時期陸路交通工具的演變歷程〔J〕。青春歲月，2013（15）：1。
〔4〕郭軍浩，宋代市馬的幾個問題〔D〕。桂林：廣西師範大學。
〔5〕項榆婷，宋畫中的車輿研究〔D〕。杭州：浙江大學，2017。
〔6〕乜小紅，唐五代畜牧經濟研究〔M〕。北京：中華書局，2006。

〔7〕張亮亮，《宋畫全集》中的車、轎圖像研究〔D〕。杭州：浙江大學，2018。

〔8〕閆豔，釋「輦」「輿」及其他〔J〕。藝術百家，2010，26（2）：185-188。

〔9〕陳彥姝，宋代官署故事三則〔J〕。裝飾，2012（12）：3。

第三章　為了碎銀幾兩

第一節　開封，夢想起航的地方

開封的標準稱謂

開封府、開封縣、開封城，估計很多人會分不清，我們先來說一下開封府！

唐代以前，地方行政區劃之中並沒有「府」這個建制，開元元年（西元七一三年），長安所在的雍州升為京兆府，洛陽所在的洛州升為河南府，太原所在的並州升為太原府，隨後又增設了河中府、鳳翔府、成都府、江陵府、興元府、興德府、興唐府等七個府。

唐代府的數量最多時也不過十個，開元末期，唐代共有州府三百二十八個，府的數量只占總數的約3%，可謂鳳毛麟角。其實府與州是同一級行政區劃，只是府的政治地位會高一些而已。

唐代時，開封府被稱為汴州，雖也屬於區域性重鎮，但影響力卻頗為有限。開封地位的迅速竄升得益於一個亂世梟雄，此人一生之中曾有過三個名字。最初名叫朱溫，本是個過著寄人籬下生活的「草根」，卻並不安於現狀，投奔唐末農民軍領袖黃巢麾下為將。朱溫雖然名「溫」，卻絕非謙恭溫順之人，眼見著黃巢日薄西山，於是投降了朝廷，在農民軍背後狠狠地捅了一刀。

朱溫接受招安後被賜名朱全忠，卻毫無忠誠之心，身為宣武節度使的他以汴州為大本營迅速擴充自己的勢力，羽翼漸豐之後，竟將皇帝視為自己手中的玩物。

西元九〇七年，朱全忠廢掉了唐哀宗李柷，建立後梁，同時將自己的老巢汴州升為開封府並以此作為都城。可後梁卻是個短命王朝。朱全忠的宿敵李克用有一個能征慣戰的兒子李存勖，而朱全忠的那些兒子不僅不爭氣，還不團結，最終落得個亡國滅族的下場。

西元九二三年，李存勖滅後梁，建立後唐，定都洛陽，將開封府降為汴州。不過後唐的歷史也不長。

西元九三六年，石敬瑭在契丹人出兵協助下滅了後唐，建立後晉，建都汴再度將汴州升為開封府並一直延續到了北宋，開封也一躍成為全國性政治經濟中心。

北宋時期，府的數量大增，軍事要地和經濟重鎮相繼設府。到了明清時期，府徹底取代州成為縣之上的行政單位。

開封府管轄著開封城及其周邊很大一片區域，雖然轄區屢有變化，卻長期管轄著十七個縣，其中開封、祥符兩縣是地位最高的京縣。開封城中有一條縱貫南北的中軸線御街，御街以西為祥符縣，以東為開封縣，不過這兩個縣的區劃範圍卻並不僅僅局限於開封城內，還包括城外郊區。

隨著廂的設立，開封城改由廂來管轄，後來又在廂的上面增設了都廂，由開封府直轄。雖然開封城名義上仍舊屬於開封、祥符兩縣的轄區，但實際上這兩縣卻喪失了對開封城的管轄權，只能管開封城外的郊區。

很多學者會說開封是一座擁有上百萬人口的大城市，實際上這個表述並不準確。開封

北宋各時期開封府人口狀況[1]

時期	主戶	客戶	總戶數	總人口
太平興國年間（西元 976—984 年）	90,232 戶	88,399 戶	178,631 戶	893,155 人
熙寧年間（西元 1068—1077 年）	—	—	167,194 戶	835,970 人
元豐元年（西元 1078 年）	183,770 戶	51,829 戶	235,599 戶	1,177,995 人
崇寧寧元年（西元 1102 年）	—	—	261,117 戶	1,305,585 人

1 資料來源：《太平寰宇記》、《北道刊誤志》、《元豐九域志》和《宋史》，人口按照每戶五口人測算。

府的確擁有上百萬人口，但除了開封、祥符兩縣外，還管轄著十五個畿縣。這些畿縣的人口密度雖與開封城不可同日而語，不過轄區面積卻不小，所轄人口自然也就不少。

開封府人口總數從北宋初期的八十多萬上升到了北宋末期的一百三十多萬，此外還居住著並不接受其行政管理的部分人口，比如禁軍，數量在二十萬左右，還有皇族成員、中央官員及其僕從，數量在十萬左右，因此開封府境內人口總數在一百六十萬左右，不過這些人卻並非都住在開封城中。那麼開封城中究竟住著多少人呢？

北宋天禧五年（西元一〇二一年），開封城內有九萬七千七百五十戶，按照平均每戶五口人來計算，人口約為四十八萬八千七百五十人。如果考慮到沒有登記的流動人口和不用向開封府登記的皇室成員和軍隊士卒，城中會有六十萬人左右，以今天的眼光看來，似乎並沒有什麼稀奇，但在當時可是一個不小的人口奇蹟！

開封城連同近郊人口總數應該能達到七十萬到八十萬人，同時代的美洲還處於蠻荒階段，歐洲大型城鎮的人口才剛剛突破萬人，即便三百年後的倫敦也不過才四萬人。一八〇〇年時，歐洲人口最多的城市倫敦才有近九十六萬人，巴黎人口也只有五十萬稍稍多一些[2]，可見北宋時期的開封是多麼繁華！

開封城布局的奧妙

開封城共有三重，最裡面的是宮城（也被稱為大內），位於內城中央稍偏向西北的位置，本是唐代宣武節度使朱溫的衙署，後來擴建為皇宮，之後卻因受制於狹窄的地形而難以進行擴建。

宮城呈東西方向略窄、南北方向略寬的長方形。經過考古挖掘，東、西城牆約為六百九十米，南、北城牆約為五百七十米，四牆總長為兩千五百二十米左右[3]，面積約為三十九萬三千三百米。標準足球場為一百零五米長，六十八米寬，宮城面積大致相當於五十五個足球場，比北京故宮一半稍多一點。唐代長安城中有大明宮、太極宮和興慶宮三大宮殿群，僅僅是大明宮一處便有三．二平方公里，大致相當於八個開封宮城那麼大。與那些被譽為「天可汗」的唐代皇帝比起來，宋代皇帝們住得實在是有些委屈！

開封內城城牆呈准正方形，四牆總長一萬一千五百五十米左右，面積大致相當於二十一個宮城。唐長安城和洛陽城宮城外專設有皇城，中央官署便位於皇城內，但開封城內卻並無皇城，各個中央官署散落在內城之中，掩映在鱗次櫛比的民居和商鋪間。

2 （美國）路易斯．芒福德《城市發展史——起源、演變和前景》。

3 丘剛《開封宋城考古述略》，《史學月刊》一九九九年第六期。

開封外城城牆呈東西方向略窄、南北方向略寬的長方形。經考古實際測量，東側城牆約七千六百六十米，西側城牆約七千五百九十米，南側城牆約六千九百九十米，北側城牆約六千九百四十米，四牆總長兩萬九千一百八十米[4]，外城面積為五三・一一平方公里，大致相當於一百三十五個宮城或六・四個內城。唐長安城的面積為八七・二七平方公里，宋開封城的面積大致相當於唐長安城的60・86％。

汴河、蔡河、金水河、五丈河等四條河流穿開封城而過，形成了龐大的水利網，打造了開封「天下之樞」的重要地位，也帶動了開封經濟的繁榮。四條河流穿城而過的地方均修建有水門，只能通行船隻而不能走人。為了防止敵軍從水路發起進攻，水門上還建有可以開啟的大水閘，戰時便會將大水閘落下來。

外城是開封城最為重要的防禦屏障，城牆高聳巍峨，城門雄偉宏大，女兒牆、敵樓、戰棚等軍事設施一應俱全。站在外城東城牆下遙望城內，只能隱隱看到繁塔和鐵塔兩座塔。

鐵塔是如今開封市區內所剩不多的宋代遺跡，始建於北宋皇祐元年（西元一〇四九年），為八角十三層，高達五五・八八米，因位於開寶寺內，也被稱為「開寶寺塔」。鐵塔其實並非鐵質，而是其遍體均為褐色琉璃磚，看上去好似鐵鑄一般，民間便將其稱為「鐵塔」。鐵塔先後歷經了三十七次地震、十八次大風、十五次水患，卻依舊巍然屹立不倒。

開封流傳著一句諺語：「鐵塔高，鐵塔高，鐵塔只搭繁塔腰。」繁塔建於北宋開寶七年（西元九七四年），原名興慈塔，因建於北宋四大皇家寺院之一的天清寺內，故又名「天清寺塔」。它比鐵塔早建了七十五年。繁塔共有九層，高兩百四十尺，約為七十六米，比鐵塔高了二十多米，可謂名副其實的「京城第一高」，與鐵塔並稱開封城內的兩大地標性建築。

包拯其實不是開封府尹

提到開封府，很多人會自然而然地想到開封府尹包拯，但實際上包拯從未擔任過開封府尹。

開封府的一把手開封府尹是個從三品的職事官，通常由親王來擔任，[5]只有皇帝的弟弟、兒子才有可能獲封親王。在擔任過開封府尹的四位親王之中，晉王趙光義成為北宋

4 丘剛《開封宋城考古述略》，《史學月刊》一九九九年第六期。

5 （南宋）陸游《渭南文集》。

第二任天子，史稱「宋太宗」；壽王趙恆成為北宋第三任天子，史稱「宋真宗」；另外兩位齊王趙廷美和陳王趙元僖也都是很受皇帝青睞的親王。

北宋至道元年（西元九九五年），壽王趙恆被父親太宗皇帝趙光義冊立為皇太子，此時他仍舊兼任著開封府尹，於是便有朝臣上奏說，皇太子與皇帝都屬於超品，也就是位居一品之上，可開封府尹卻是個三品官，由皇太子來繼續擔任開封府尹恐怕有些不妥。太宗皇帝也覺得他說得有道理，於是便命皇太子趙恆判開封府事。這是一個差遣而並非一個官職，自然也就沒有品級。自此之後，皇太子以判開封府事的名義統領開封府便成了慣例，開封府尹這個位子便空置下來。

宣和七年（西元一一二五年）十二月戊午日，徽宗皇帝趙佶任命皇太子趙桓（也就是後來的宋欽宗）為開封牧，此舉又招致朝臣的非議，因為開封府牧與開封府尹一樣同為從三品的職事官，作為超品的皇太子擔任這個官職也有些不妥。因此皇太子趙桓僅僅擔任了兩天便卸任了。

開封府尹、開封府牧在絕大多數時間內都空置著，判開封府事的皇太子往往並不管理開封府實際事務，因此朝廷通常會任命一名官員權知開封府事，由他來實際主持開封府內日常事務。包拯便曾權知開封府事，但並非開封府尹。

權知開封府事是差遣，開封府尹、開封府牧是職事官，兩者到底有何區別呢？

神宗元豐七年（西元一〇八四年），史學家司馬光為皇帝奉上《資治通鑒》時所擔任的官職是：

朝散大夫（散官從五品下）

右諫議大夫（職事官從四品）

權御史中丞（差遣）

充理檢使（兼差遣）

賜紫金魚袋

司馬光的官職居然有一大長串，其中有官，有職，還有差遣。司馬光擔任的散官為朝散大夫，散官僅擁有能夠決定穿什麼顏色的官服、佩戴什麼形制的魚袋等比較虛的政治待遇。司馬光擔任的職事官為右諫議大夫，不過卻並不代表他實際幹什麼工作，只能代表他是從四品的官員並由此確定他應該享受什麼樣的工資待遇。至於他究竟要去哪個部門上班，具體要做什麼工作，還需要聽候朝廷的差遣。也就是說右諫議大夫雖是中書省的官，但司馬光卻未必去中書省上班。

權御史中丞是司馬光的差遣，御史台的一把手御史大夫在宋代經常空缺，因此他這個權御史中丞實際上就是御史台的一把手。

司馬光還有一個兼差遣就是理檢使，主持檢院、鼓院事宜。理檢使通常由御史台的負責人兼任。

司馬光並沒有「職」。「職」在宋代特指館職，如包拯曾任天章閣待制、龍圖閣直學士，被人稱為「包待制」「包龍圖」。北宋諸殿、閣學士均為正三品，直學士為從三品，待制為從四品，直閣（全稱為直龍圖閣、直天章閣等）均為正七品。

在民間傳說中，包拯擔任的館職被說成是龍圖閣大學士。宋代確實有大學士，昭文館大學士、集賢殿大學士均由宰相兼任，但龍圖閣卻並未設置過大學士。之所以要刻意在學士前加上一個「大」字，寄託著百姓們期盼包拯能夠成為宰相的美好希望！

官員帶館職是能力和榮譽的象徵。帶館職的官員有機會成為皇帝的文學侍從和私人顧問，與皇帝作詩聊天，共議朝政，但這只是一種可能而已，能否真正入得了皇帝法眼可就不一定了！

在北宋前期，職事官實際上承擔著散官的職能，差遣實際上承擔著職事官的職能，而散官卻處於可有可無的尷尬地位。之所以會出現這種局面，是因為宋代權力配置過分強調均衡而導致的。

北宋發端於混亂黑暗的五代十國，為了能夠長治久安，官制處處體現著權力制約與均衡，比如刻意剝奪了宰相的軍事權，另外設立樞密院，侵奪了原本屬於兵部的權力；蓄意剝奪了宰相的財政權，另外設立三司，管理鹽鐵、度支、戶部三個部門，使得戶部名存實亡，三司使因此號稱「計相」，地位僅次於執政。執掌監察大權的御史台的官員不得由宰相舉薦，而是由皇帝親自選拔任用，使得御史台成為直接對皇帝負責並且足以與宰相抗衡的「耳目之司」；還成立諫院，剝奪了原屬中書、門下兩省的進諫權力，使其成為鉗制相權和輿論的重要工具。

為防止發生軍事叛亂，北宋確立了軍事指揮、兵馬管理和戰役實施三權分立的軍事統領格局。樞密院為最高軍事指揮機構，負責軍事戰略制定和軍事部署調動，卻並不實際統領兵馬。正規軍禁軍由殿前司、侍衛親軍馬軍司和侍衛親軍步軍司「三衙」統領，不過只是負責日常訓練與管理，並不參與軍機。如若發生戰事，朝廷會選派將領領兵出征，三衙按照樞密院的指令將有關兵馬劃歸該將領指揮，不過等到戰事結束後，那些兵馬便會重新劃歸原單位管轄。

這種制度設計使得將帥們很難像之前那樣在將士中間形成強大的影響力和號召力，自然也就無法發動叛亂了，不過也導致出征將帥對麾下將士的作戰特點和戰術素養並不瞭解，而將士們對出征將帥的用兵方式和打仗風格也不熟悉，造成了「兵不識將，將不識兵」的局面，嚴重削弱了軍隊的戰鬥力。

由於朝廷在原有正式行政機構之外又重建了一套編制外行政機構，還侵奪了它們的權力，三省六部、九寺五監等正式行政機構淪為閒散單位，編制外行政機構卻掌握著實權。但編制外行政機構又沒有被正式納入正式官制之中，於是便用三省六部、九寺五監等體制內行政機構的官職來代表品級和確定待遇，同時讓官員獲得相應的差遣到編制外行政機構去工作，導致行政效率低下，「冗官」問題嚴重，很多官員拿著高薪卻不幹事，很多官員想幹事卻沒有舞臺。

北宋元豐五年（西元一〇八二年），神宗皇帝趙頊對官制進行過一次大變革，撤銷了有名無實的散官，設立寄祿官。寄祿官承擔起階官職能，一個官員的品級高低、政治地位和經濟待遇均與寄祿官掛鉤，不過卻沒有實際職掌。此外，神宗皇帝趙頊還按照唐朝初年權力運行模式恢復了早就被架空的三省六部和九寺五監的職權。

雖然差遣並未被徹底取締，但數量大幅減少，職事官也漸漸變得名副其實，獲得任命後便可以正大光明地去相關部門上班了！

第二節　各種職業任你選

當官最容易的時代

這位正在出城的中年官員頭戴斗笠，身著白色圓領長衫，衣領處還有襯領，懷中抱有一根馬鞭，騎在俊秀高大的白馬之上，氣質儒雅，神情悠然。

他的身旁居然有九名屬役跟隨左右，這九人頭戴樣式統一的曲腳幞頭，上身穿長達膝蓋的圓領長衫或對領長衫，將長衫下擺掖到自己的腰間；下身穿長不到足腕的短褲，類似如今的七分褲。

走在最前面的那名屬役手中拿著權杖引路，緊隨其後的屬役鳴鑼開道，還有三人護衛在官員的馬前，後面兩人小心翼翼地牽著馬，馬後還有一人扛著古琴，最後那

人吃力地挑著擔子。

由此看來，在宋代當官的待遇還是很不錯的，但如何才能當上官呢？

第一個途徑是科舉取士，朝廷按照人才需求設置考試科目，選拔考試合格人員為官，類似於今天的公務員考試。統計可考的兩宋舉辦的貢舉考試一百三十次，可知總共錄取了十萬九千九百五十人，[6]再加上制舉、童子舉、宗室應舉、詞科等其他科舉方式錄取的人員，總人數高達十一萬五千四百二十七人。

北宋、南宋共計三百二十年，平均每年取士三百六十一人；唐代延續了兩百九十年，透過科舉方式取士兩萬零六百一十九人，平均每年錄取七十一人；明代延續了兩百七十七年，透過科舉方式取士兩萬四千六百一十二人，平均每年錄取八十九人；清代從一六四四年入北京到一九〇五年底廢除科舉止，透過科舉方式取士兩萬六千八百八十一人，平均每年錄取一百零三人。可見若想透過科舉當上官，宋代無疑是前無古人、後無來者的最好時代！

第二個途徑是門蔭補官。如果你壓根就不是讀書的料，科舉這條路恐怕很難走得通，但若你有幸是個「官二代」，那麼便可以走門蔭補官這條道。

宋代門蔭補官的名目有很多，比如舉行祭祀活動，活動搞得很成功，皇帝會准予蔭補；皇帝過生日，生日派對搞得很歡快，皇帝會准予蔭補；更換年號進行改元，皇帝心情很愉悅，也會准予蔭補；官員退休，皇帝覺得你在任上任勞任怨，沒有功勞也有苦勞，會准予蔭補；臨終前給皇帝上遺表，皇帝看後感動得淚流滿面，也會准予門蔭補官。雖然門蔭有著嚴格的制度，但皇帝的心情也很重要！

第三個途徑是從軍補授，先當兵，打仗立功後被提拔為軍官。親冒矢石斬獲敵首、奮勇殺敵身負重傷、驍勇善戰擊退賊寇、運籌帷幄運糧守城、不辭辛勞修築關隘都屬於立功，其實就是以性命來換功名，可謂喜歡比勇鬥狠者的首選。從軍補授是沒有品級的流外武職入流的主要途徑。

第四個途徑是胥吏出職，先在官府中謀一個胥吏的差事，然後再慢慢熬出頭、等機會，幸運的話或許能混上個一官半職。胥吏出職是流外文職入流的最主要的方式，不過官與吏本就是殊途，雖有路相通，卻也並不好走。

第五個途徑是納粟攝官，其實就是官方認可的赤裸裸的「買官」。北宋景德二年（西元一〇〇五年），為了保障河北前線的軍糧供應，真宗皇帝趙恆採取了納粟授官制度——根據運送路程的遠近和進獻軍糧的多少，朝廷會授予相關人員十等官職。比如向河北邊塞運送一千石糧食，朝廷將會授予本州助教、文學之職；要是達到一萬石，將會

6 張希清《論宋代科舉取士之多與冗官問題》，《北京大學學報》一九八七年第五期。

授予大理寺丞、供奉官之職。這無疑為那些富商入仕提供了一條捷徑。之後，這項制度並沒有廢止，而是一直延續了下來。

南宋嘉定六年（西元一二一三年），吏部當年共計授官三萬八千八百七十人[7]，其中透過科舉入仕的官員為一萬零九百二十五人，占比為28．1％；透過門蔭補官入仕的官員為兩萬兩千一百一十六人，占比為56．9％，是透過科舉入仕的官員的兩倍多；透過胥吏出職入仕的官員為一千八百三十四人，占比為4．72％；透過從軍補授入仕的官員為兩千八百九一人，占比為7．44％；透過進納買官入仕的官員為九百四十人，占比為2．42％；透過其他非常規方式入仕的官員為一百六十四人，占比為0．42％。

在宋人眼中，只有科舉進士出身的官員才是國家的精英和朝廷的棟樑，透過門蔭補官當上官的人因嬌生慣養，多自命不凡，驕縱任性；透過胥吏出職當上官的人因長期浸染在官場這個「大染缸」中，極易舞文弄法，營私舞弊；透過進納買官當上官的人普遍奉行金錢至上的理念，大多會貪污受賄，中飽私囊[8]。這種觀點雖未免有些以偏概全，不過卻也在一定程度上代表了宋人對不同出身的官員的基本印象！

當個農民很辛苦

自從商鞅變法之後，「重農抑商」便成為秦國的基本國策，其後歷代王朝也大多延續

郊外的農舍

著這項國策。社會各階層被劃分為「士農工商」四個等級，社會地位最高的當屬士，主要指透過科舉入仕的讀書人；僅次於士的便是農民，「國以民為本，民以食為天」，因此農民的地位通常會被抬得比較高；次於農民的是手工業者，也就是靠一技之長吃飯的手藝人；最末等的是商人，古人認為商人是低買高賣的投機者，並不會增加社會財富，因此一直受人輕視。

雖說農民的社會地位並不低，但務農卻是個苦差事，忙碌一生也只能勉強解決一家

7 （南宋）李心傳《建炎以來朝野雜記·嘉定四選總數》，注意此數並不包括不經由吏部的旨授和堂除。旨受是由皇帝任命，比如宰相、御史台官員的任免。堂除是宰相機構中書門下（元豐改制後為三省）直接任命的高級官員，樞密院官員的宣授也是堂除的一種特殊形式。

8 （南宋）魏了翁《鶴山集一百三·御策一道》。

人的溫飽。

在《清明上河圖》中，一位農民站在井前，搖動著井口的轆轤，將水引入蓄水池中，需要灌溉田地時便會打開閘門，將水導入田地之中，浸潤田裡的莊稼。不遠處還有一位農民挑著水，正在返回自家田地。

一間農舍前放著石碾子，還拴著一頭耕牛。耕牛是農民耕作時不可或缺的牲畜。開封郊野的農舍多為茅草覆蓋，牆身用黃泥包裹，用木柱支撐，可見農民的居住環境還是比較簡陋的。

宋代農民依舊是靠天吃飯，極易受自然災害的影響。雖然每逢災年或者青黃不接時，官府會透過「賑貸」等方式緊急向農民撥付口糧或者發放小額貸款，幫助農民順利渡過困境，不過卻難以惠及所有農民。

每到大災之年，大量農民被迫流離失所，無依無靠，無米

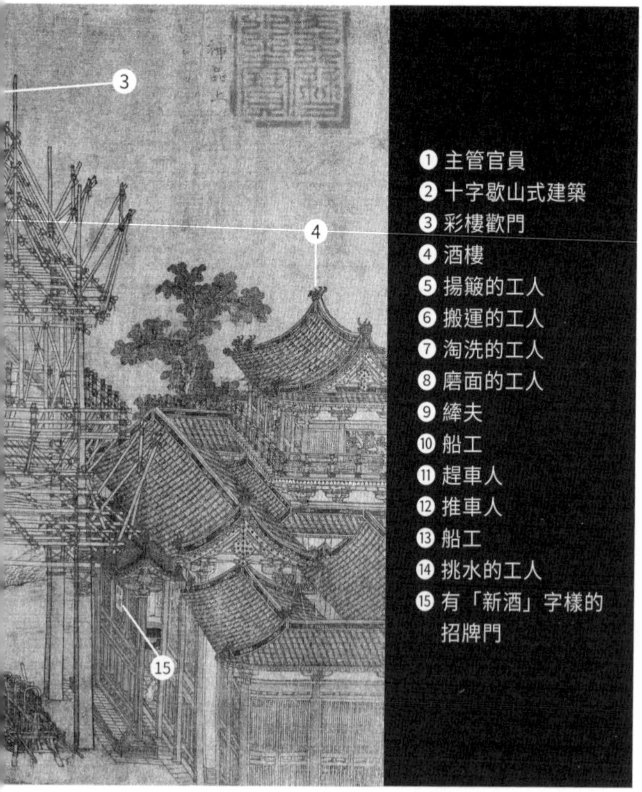

無水。每到此時，朝廷便會招募部分災民充實到廂軍之中，也算是給那些瀕臨絕境的災民一條出路，以免他們走投無路而淪為土匪強盜，但那些身體羸弱的男人和婦女小孩卻只能自尋活路了。

即便並未遇到旱澇災害，每年仍舊會有大量農民遠走他鄉。宋代農業稅稅率為10％，看上去似乎並不算高，但由正稅卻派生出支移、加耗等名目繁多的附加稅。

支移就是官府藉口前線急需補給，要求農民將作為實物稅繳納的穀物等農作物運送到

（五代宋初）衛賢《閘口盤車圖》

邊關等相關地區，由此產生一定的運輸費，也就是腳錢，便被稱為支移。

加耗就是作為實物稅繳納的穀物等農作物、絹等絲織品在保管和運輸過程中會出現一定的損耗，需要在法定徵收額度之外再多徵收一部分。不少官員以加耗為藉口大肆中飽私囊，使得越來越多的農民難以承受，只得將自家土地售賣，被迫走上打工之路。

很多失去土地的農民會選擇成為佃戶，大規模農場也開始湧現。《耕獲圖》所描繪的便是江南農場內的勞作場景。青山之下，田畝相望，阡陌交通，小橋臥波，綠樹成蔭，以小溪為界分別闡述了耕耘與收穫兩個主題。

小溪東岸中間位置有一間房舍，一位老者策杖立於門前，此人應該就是前來視察農場生產狀況的農場主。他的正前方有一架水車，四個佃戶站在水車上不停地用腳轉動鏈輪，將河水引入農田之中。

東岸北側是一片稻田，十幾有些佃戶正在犁田，也就是將犁具掛在牛的身後，疏鬆腳下的土地。南側也是一片稻田，有的在割稻，有的在插秧，有的在挑稻，有的在耘田。一座小橋飛架小溪兩岸，橋東頭的田埂上有一人手持遮陽傘，應是農場之中負責督促佃客勞作的監工。

小溪的西岸是一片收穫的景象，有的在打稻，有的在揚稻，有的在舂米，有的在堆垛，有的在入倉，忙得汗流浹背，氣喘吁吁。

而麥子等農作物往往要磨成粉之後才能食用，自耕農通常會選擇用石磨來自己磨，但對於糧食產量較大的農場來說，要麼自建磨坊，要麼將所產糧食都運到專業磨坊去磨。

《閘口盤車圖》描繪的是一處規模宏大的官營磨坊。這座氣勢恢宏的磨坊的屋頂為十字歇山建築樣式，四面是裝飾精美的山牆。磨面的設備也很是先進，大水車驅動磨盤，小水車驅動篩穀。

磨坊兩側各有一處平臺，東側平臺上堆積著運來的麥子，有的工人在挑水，有的工人在揚簸，有的工人在淘洗，有的工人在搬運。這些處理完畢的麥子會被運到磨坊之中去磨，磨好之後便搬運到西側的平臺上裝袋。磨

（南宋）楊威（據傳）《耕獲圖》

❶ 隨身攜帶行李的窮苦人

坊建在河邊，無論是運來麥子還是運走麵粉，都需要透過船隻來運輸。

西側平臺上建有一座茅亭，主管磨坊的官員坐在几案前，身穿青色公服，頭戴直腳襆頭，散官階應為八、九品之間。一人畢恭畢敬地站在他的身旁，身穿皂色公服，應該只是個沒有品級的胥吏，因他在皂吏之中地位相對較高，也頭戴直腳襆頭。兩人身後還站著三名地位低一些的胥吏。這些官吏平日裡負責監督磨坊工人勞作，及時將生產情況記錄在案並報告上級部門。

畫面右側居然還有一座大酒樓，官員們正在樓上開懷暢飲。酒樓門前掛著寫有「新酒」二字的招牌。

北宋建立後，朝廷認為磨坊能帶來豐厚的利潤，於是便透過專營方式壟斷了開封的水磨業。磨坊不僅僅能磨面，還能製作高端茶餅，皇帝對水磨坊的運營狀況也極為重視。太宗皇帝趙光義僅僅在太平興國二年（西元九七七年）一年之中便四次視察開封附近的水磨坊，還賞賜給工人布匹和絲綢。

不過官營水磨坊後來卻招致越來越多的質疑批判之聲。北宋元祐元年（西元一〇八六年），開封賴以生存的汴河嚴重缺水，位列「唐宋八大家」之一的蘇轍便給朝廷呈上《乞廢官水磨狀》，直斥朝廷與民爭利，要求廢除官營水磨坊，還專門為朝廷算了一筆賬：那些建在汴河邊的官營水磨坊每年雖可以為朝廷上繳四十萬貫的利潤，但疏通河道的花費每次卻高達兩百四十萬貫，實際上是得不償失。

雖然很多失去土地的農民會選擇成為佃戶，但也有很多人會去大城市中闖一闖，尋找能夠改變自己命運的機會！

在《清明上河圖》的結尾部分，一處大戶人家的府邸前站著兩個遠道而來的人，一個將沉重的行李放在地上，另一個仍舊將行李背在自己身後。兩人不似是來此投親的，應該是前來打工，正用新奇的目光注視著眼前的一切。

他們或許就是因走投無路而進城務工的農民中的一員。農民們告別了熟悉的家鄉，踏上了陌生而又未知的進城之路，有的扛著行李，有的肩挑著竹筐，有的擔著擔子，遊走在開封城內外的大街小巷上，找尋著工作的機會，也找尋著生活的希望！

做個技術精湛的手藝人

若是有一技之長，你可以到開封城中那些大大小小的作坊裡去當個手藝人。宋代手工業作坊規模之大、分工之細、生產技術之高都遠超唐代。

私營手工業作坊漸漸擺脫了副業地位，日趨專業化，生產活動也不再主要依靠家庭成員，而是開始大量招募手工業工匠，為越來越多的進城務工人員提供了就業機會。

朝廷開辦的官營作坊將各領域的手工業精英召入麾下，從事的多是尖端器物的研發製作，往往需要多工種密切配合。為防日後出現問題難以查明原因，於是實行勒名制，也就是工匠在自己所生產的產品上刻上自己的名字，一旦出現品質問題便會追究其相應的責任，這迫使那些官營工匠在生產時不敢有一絲一毫的馬虎。

隨著官營作坊與私營作坊的蓬勃發展，很多原本普普通通的小工匠會因為自己的重大發明而名垂青史。

畢昇本是個從事雕版印刷的普通工匠。當時每印一本書便要重新雕一次版，不但會耗費許多時間，還使得印刷成本始終居高不下。他想，若是能夠改用活字版，雖然製作活字的工作量不小，但活字卻可以反覆使用。正是這個靈光一閃的想法使得他發明了活字印刷術。

畢昇用膠泥製成規格統一的毛坯並在上面刻上反體字，所刻之字凸出的尺寸如同銅錢邊緣那麼薄，然後再用火燒硬，製成一個個膠泥活字。常用字通常要準備幾個甚至幾十個，以防同一版內重複使用，遇到生僻字可以隨製隨用。為了方便查找，他還將膠泥活字按韻分類放在木格子之中並貼上標籤，用的時候可以快速找到。

排完版之後用火烘烤，等藥劑稍微熔化，用一塊平板將活字表面壓平，等到藥劑冷卻凝固後便可以印刷了。先在上面刷上墨，然後再蓋上紙，只需輕輕按壓便可印出想要的版面。為了能夠連續印刷，他們會同時準備兩塊印版，一塊用於印刷，另一塊用於排字，兩塊印版交替使用，極大地提高了印刷效率。

印刷完畢後，將兩塊印版放在火上烘烤，等到藥劑被烤化之後，只需輕輕一抖，活字便會脫落下來，工作人員將其放回原來的木格之中，以備下次印刷時使用。畢昇還試驗過木活字，但印刷效果並不理想，膠泥活字便漸漸推廣開來。

畢昇這個原本籍籍無名的小工匠發明的活字印刷術不僅節省了印刷成本，還縮短了製版時間，堪稱印刷史上一次偉大的技術革命，為人類文明做出了重大貢獻。

宋代工匠的成就還不止於此。最早的指南針司南雖然發明於中國戰國時期，但實際應用效果卻並不太理想，經過漫長的技術改進，到宋代時，造船工匠們已將改造後的指南針應用於航海——水羅盤的先驅指南魚、旱羅盤的先驅指南龜陸續投入使用。[9] 自此之後，水手們便可以依靠指南魚或指南龜來確定航向，這也使得中國的航海事業在很長一段時間內都遙遙領先於世界，開創了世界航海史的新紀元。

火藥雖誕生於唐代，但那時還處於草創階段，而且還沒有「火藥」這個名稱。到了宋代，設於開封的工程兵部隊廣備指揮（又名廣備攻城作）下設二十一個作坊，其中便包括「火藥作」，即歷史上最早的火藥武器兵工廠。正是經過火藥作工匠們的不懈努力，火藥才變得越來越有威力。

在「四大發明」之中，居然有三大發明是在宋代創制或者完善並在隨後傳播到世界各地，極大地推動了人類文明的進步，但宋代工匠們的貢獻還不止於此。

北宋建築大師喻皓將自己幾十年的實踐經驗上升為建築理論，著有《木經》。在建築領域耕耘多年的李誡在《木經》的基礎上編撰了《營造法式》，它不僅成為宋代建築設計施工的官方規範，而且成為世界上最早的完備建築學著作，極大地推動了建築業的發展。

那些苦心鑽研技藝的工匠不僅可以名垂青史，還可以借此走上仕途。

北宋熙寧五年（西元一〇七二年），三司軍將（一個沒有品級的武職）王靖發明了二灶釀酒法，後來虢州（今河南靈寶）工匠常震又在此基礎上研製出了三灶釀酒法。這種新的釀酒方法在開封府境內各酒坊推廣使用後，每年可節省木材錢十六萬貫。

鑒於兩人推動的技術革新為朝廷帶來了巨大的經濟效益，朝廷也對兩人進行了獎賞。王靖升遷為大將，聽著似乎很厲害，但其實只是個低級武職，後來改為進武副尉，依然沒有品級，只是位次在三司軍將之前而已。常震任國子四門助教（從八品上階），不過卻只是個「試官」，要想轉為正員官還需要經過一系列煩瑣的程式。儘管如此，對於普通工匠而言，這依舊是一件可以驕傲一輩子的事情。

為了保證產品品質，無論是官營作坊，還是私營作坊，普遍實行勒名制，這既是約束，也是激勵，使得很多技術精湛的工匠名揚天下，從此過上了富足的生活。

隨著儒學的興盛，士人對高端文具的需求量日益增大。開封附近有一個姓郭的制筆大師，憑藉精湛的技藝一天的收入便可達到五貫錢[10]，相當於開封城中普通老百姓將近一

9 （南宋）陳元靚《事林廣記》。

10 （南宋）范公偁《過庭錄》。

個月的收入。南宋時期的制筆大師屠希擅長製造高檔筆，上至天子，下至儒生，無不對他所製造的筆推崇備至，一支筆在市面上便可賣到一千錢[11]。

宋代那些技藝精湛的工匠既可以憑藉驚世手藝揚名立萬，也可以走上仕途，還可以過上富足的生活。

經商需要頭腦

從秦漢開始，「崇本抑末」的思想長盛不衰，直到宋代才出現了「重商主義」的傾向，使得越來越多的人走上了經商這條路。

（南宋）蘇漢臣（據傳）《貨郎圖》

虹橋上的交桌

商人分為行商和坐商兩類。行商並沒有固定攤位，而是走街串巷販賣貨物，由此還誕生了一種專門往來於城鄉之間的小販，統稱為貨郎。他們有的推車，有的挑擔，每到一處很快便會被孩童們團團圍住，很多偏

11 （南宋）陸游《渭南文集》。

前去出攤的小販

遠農村的孩童見到貨郎便猶如過年那麼快樂。

為了能夠吸引更多的人，行商們往往需要賣力地吆喝，但聲音太大卻又涉嫌擾民，於是聰明的小販便將吆喝的內容配上小曲唱出來，後來漸漸發展成為一種藝術形式——吟叫。

坐商往往會尋一處相對固定的地方售賣貨物，比如找一處門臉當作自己的店鋪，不過由於開封城中地少人多，房租自然也是不菲，絕大多數小商小販根本負擔不起。

小本經營的坐商往往是擺地攤，就是在地上鋪一層布，然後將售賣的貨物放在布上展示。不過有些商品，比如食品，放在地上很不衛生，只能擺放在桌子上。

孫羊正店門前的簡易桌

在《清明上河圖》中，修車鋪對面有一人頭上頂著一個類似大盤子的物件，上面還擺放著一些東西；右手提著一個長方形的物件。很多人不知此人究竟是幹什麼的，不過只要看一看虹橋邊那張交桌便會明白，那人手中拿的是交桌的桌腿，頭上頂的是交桌的桌面，桌面上放的正是他要售賣的物品——原來他正趕著去出攤。交桌的兩條腿可以折疊起來，便於攜帶，頗受小商販們的青睞。

有的小販還會將一塊木板搭在兩張椅子上，這樣便可以拼成一張簡易桌，拆卸起來也很方便。

宋代商業之所以會達到前所未有的繁華程度，一方面是因為取消了地域的限制，城市不再有坊市之分，經商不再局限於市場裡面而是遍布城中的大街小巷；另一方面是因為取消了時間的限制，隨著宵禁的解除，那些商販將營業時間延續到了晚上，甚至有時還會通宵達旦營業，打造了宋代經濟的「不夜天」。

在唐代，大城市都實行宵禁制度。傍晚時分，隨著六百下閉門鼓此起彼伏地響起，城門和坊門將會陸續關閉，不要說出城，即便是離開所住的坊都很困難。街道上還會有負責巡夜的金吾衛士卒，發現隨意走動的人便會將其逮捕，給予「笞二十」的處罰，只有給官府傳遞文書、張羅紅白喜事或是家中有人得了重病急需買藥請醫生等特殊情形才會免於處罰。每每到了夜晚時分，即便是繁華的長安城也會變得死氣沉沉，但這種局面卻在宋代有了根本性改觀。

北宋乾德三年（西元九六五年），太祖皇帝趙匡胤下令開封城內的夜市在三更以前一律不得禁止[12]。到了北宋中期以後，通宵達旦的夜市也誕生了，宋人的夜生活也變得愈加豐富。

開封城內的夜市雖然分布很廣，但主要集中在兩個條形地帶。一個在馬行街一帶，以土市子為中心。馬行街夜市有豬胰胡餅、和菜餅、獾兒、野狐肉、果木翹羹、灌腸、香糖果子等特色小吃，即便是颳風下雨下雪等惡劣天氣，夜市仍舊會照常營業。

另一個在御街一帶，從開封外城氣勢恢宏的南薰門往北走，穿過內城的朱雀門便可直達宮城的宣德門。這一路上都是筆直而寬大的御街，全長七八里，至於寬度，有的說寬兩百米，有的說寬三百米，莫衷一是！

御街一帶的夜市有兩個中心點，一個在朱雀門，另一個在州橋。以朱雀門為中心的夜市位於御街的南段，也就是南薰門往北，一直到朱雀門前的龍津橋。在這段長約五里的街道上，店鋪鱗次櫛比，民居錯落有致，行人熙熙攘攘。

旋煎羊白腸、鮓脯、爊凍魚頭、薑豉、㓾子、抹臟、紅絲、批切羊頭、辣腳子薑、辣蘿蔔等特色各異的小吃每天晚上都會吸引眾多食客前來一飽口福，此處的果子交易與紙畫買賣也很興盛。

大宋最高學府太學便設在這段街區，北宋末年太學學生達到三千餘人，極大地帶動了朱雀門一帶夜市的繁盛。每到夜晚，商販的叫賣聲、學子的誦讀聲和妓女的彈唱聲便會交織在一起。

不過最繁華的夜市當屬州橋夜市，也就是過了朱雀門繼續往北走。這不足一裡的街區可謂城中最繁華的區域，每每到了夜幕降臨，華燈初上，令人心馳神往的「州橋夜市」便悄然開張了。

州橋又叫天漢橋，位於御街與東西御道的交叉口上，汴河從橋下穿過。可見，州橋既位於開封城的中心位置，又是南來北往的交通要道。

夏日裡，麻腐、雞皮麻飲、細粉素簽、沙糖冰雪冷元子、水晶皂兒、生淹水木瓜、藥木瓜、雞頭穰、沙糖綠豆甘草冰雪涼水、荔枝膏等消夏食品令人垂涎欲滴。冬日裡，從州橋到龍津橋，一路上會有盤兔、旋炙豬皮肉、野鴨肉、滴酥水晶鱠、煎夾子、豬臟、鬚腦子肉等香氣撲鼻的小吃，哪怕是半夜三更仍舊會有商販出攤，等待著那些吃夜宵的客人的光顧。

12 （清代）徐松《宋會要輯稿・食貨六十七》。

逛夜市的人不僅僅是為了吃，往往還會採買些日用百貨。東角樓街巷以東位於街北的潘樓周邊便有一個夜市，主要是買賣衣物，古玩字畫。在土市子東邊的那條十字街，每天五更時分便點燈交易，主要買賣衣服，黎明前最後的黑暗時刻反而是這裡最為喧囂熱鬧的時刻，等到太陽出來後，攤販們便會漸漸散去，因此得名「鬼市子」。

開封商業的繁盛為那些肯於吃苦耐勞的商販帶來了無限的商機，隨之誕生了不計其數的商業巨擘，締造了數不勝數且令人驚歎的商業傳奇！

參考文獻

〔1〕龔延明，宋代官制辭典〔M〕。北京：中華書局，1997。
〔2〕張希清，論宋代科舉取士之多與冗官問題〔J〕。北京大學學報（哲學社會科學版），1987（5）。
〔3〕賈玉英、趙文東，北宋開封府管理制度研究〔J〕。史學月刊，2001（6）。
〔4〕侯博覺，界畫《水磨圖》與北宋官營經濟〔N〕。深圳特區報，2015-10-21（B05）。
〔5〕丁學姣，宋代手工業者生計研究〔D〕。西安：西北大學，2017。
〔6〕程民生，宋代工匠的文化水準〔J〕。廈門大學學報（哲學社會科學版），2018

（5）。

〔7〕黃宣正、江啟明、殷首福，畢昇生平與泥活字發明考證探討（上）〔J〕。徽州社會科學，2018（3）：37-39。

第四章　服裝裡的「時尚潮流」

第一節　皇帝的穿搭風格

老古董冕服

古人頭上戴的首服分為三類。第一類是巾，主要是為了收束頭髮，古代無論男人還是女人都會留長髮，若是披頭散髮肯定會影響個人形象，因此需要用巾將頭髮裹起來或者紮起來。第二類是帽，主要是為了禦寒，避免寒邪從頭部進入體內。第三類是冠，雖也有一定的實用性，但更多的卻是裝飾性。冕是最為尊貴的冠。「冠冕堂皇」這個詞雖說如今帶著些貶義，但在古代卻是莊嚴尊貴之意。

冕服是中國古代等級最高的禮服，從先秦盛行至秦漢，不過到了宋代卻已經很少穿了，漸漸淪為只在參加重大祭祀活動時才會穿的祭服。

冕最頂部的冕板被稱為「綖」，主要有三種形制。第一種是規規矩矩的長方形，前後左右四邊都是直線型。第二種是前面那條短邊為圓弧形，後面那條短邊為直線形，

❶ 旒
❷ 綖
❸ 金附蟬
❹ 旒
❺ 章紋
❻ 白紗中單
❼ 劍
❽ 玄衣
❾ 帶
❿ 紅色蔽膝
⓫ 綬
⓬ 纁裳
⓭ 赤舄

（唐代）閻立本《歷代帝王圖》中的晉武帝司馬炎像

取「天圓地方」之意。第三種是兩側的長邊做成圓弧狀。

冕板前後垂下的珠串，稱為「旒」，不過有的冕卻並沒有旒，就是光禿禿的一塊板。冠卷為下方的圓柱形帽蓋，也被稱為「武」。的下方有玉衡，嵌入冠卷頂端的凹槽中，這樣便被固定在下端的冠卷上。玉衡兩端有孔，兩邊各垂下一根絲線，一直垂到耳旁，稱為「紞」。的兩端通常會各綴一顆玉珠，恰好垂到耳朵附近，稱為「纊」，也被叫作充耳。

冕的兩側各有一個簪孔，簪導透過這兩個孔插入皇帝的髮髻之中，這樣冕就被固定在了頭上。皇帝若只是平時參加大朝會，穩固性自然不成問題，但若是在戶外舉行祭祀活動，風比較大，一旦將頭上的冕吹跑了可就是重大政治事故，因此冕下通常會加纓和

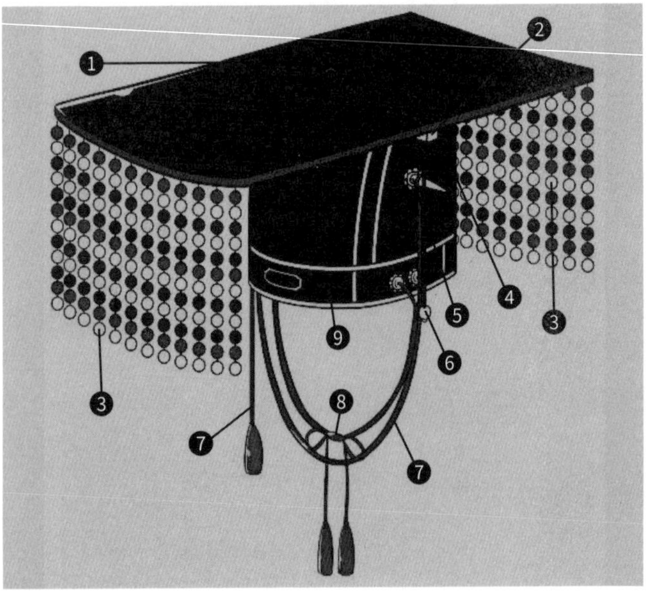

❶ 綖
❷ 玉衡
❸ 旒
❹ 紞
❺ 簪導
❻ 纊（即充耳）
❼ 紘
❽ 纓
❾ 冠卷

冕

紘。兩者的作用很相似，都是繫在下巴底下，用於固定頭上的冕。兩者的區別在於纓為兩條，兩側各一條，上端與冠卷相連，下端直接在頷下打個結，繫上就行；紘卻為一條，並不直接拴在冠卷上，通常是一端拴在簪導的一側，另一端拴在簪導的另一側，剩餘部分垂下，起到裝飾作用。

如今我們身上穿的統稱為「衣裳」，在古代「衣」特指上衣，「裳」特指下衣。皇帝所穿冕服通常為玄衣裳，也就是黑色上衣和紅色下衣，腰間還會繫上一個圍裙，稱為「蔽膝」，也寫作「韍膝」。冕服上還會有造型各異的絲帶，稱為「綬」，通常用來拴佩，不過也有純裝飾性的綬。佩一般為玉質，與綬都是身分地位的象徵。

穿冕服時腰間通常會束帶，從材質上看，宋代的帶主要有兩種，一種是皮革製成的革帶，另一種是用綾、羅、綢等織物製成的錦帶。不過還有一種特殊的革帶，在外面罩上一層絲綢，既如革帶那麼柔

虹橋上的鞋攤

韌，也似錦帶那麼美觀。革帶與今天的腰帶類似，通常會有束腰的作用，錦帶卻多為裝飾性的帶。

穿冕服時腰間通常還會佩劍，劍身上有各種精美的裝飾。雖然冕服的每一處都透著高尚的氣息，但穿起來卻並不舒服。只要你一動，冕上垂下來的珠串便會叮噹作響，迫使你不敢輕舉妄動。那些珠串雖然使得別人看不清你，但也讓你看不清這個世界。最難受的還是腳上所穿的舄，也就是紅色木底鞋，穿起來很不舒服！

順便說一些古代的鞋。虹橋上便有一個鞋攤，一個顧客正坐在矮凳上試鞋。如今凡是腳上穿的我們都統稱為「鞋」。

絲帛製作的有底、有幫的鞋稱為「履」，履在很長一段時間內泛指所有的鞋；用麻、草、藤編的鞋子稱為「屩」；在履的下面再加一層木底，稱為「舄」，由於有兩層鞋底，通常會被稱為「重舄」。舄通常在祭祀朝會時穿，因為在這些場合往往需要站立很長時間，為了防止濕氣透過腳進入人的身體，於是特意加裝了木底。舄主要有三種顏色，赤舄、黑舄和白舄，皇帝通常穿赤舄。「屐」是另外一種木底鞋，鞋跟（稱為齒）會比較高，這樣便可以使腳高懸於地面之上，適合在泥土中行進。「靴」在宋代成為官員穿公服時的標準配備。

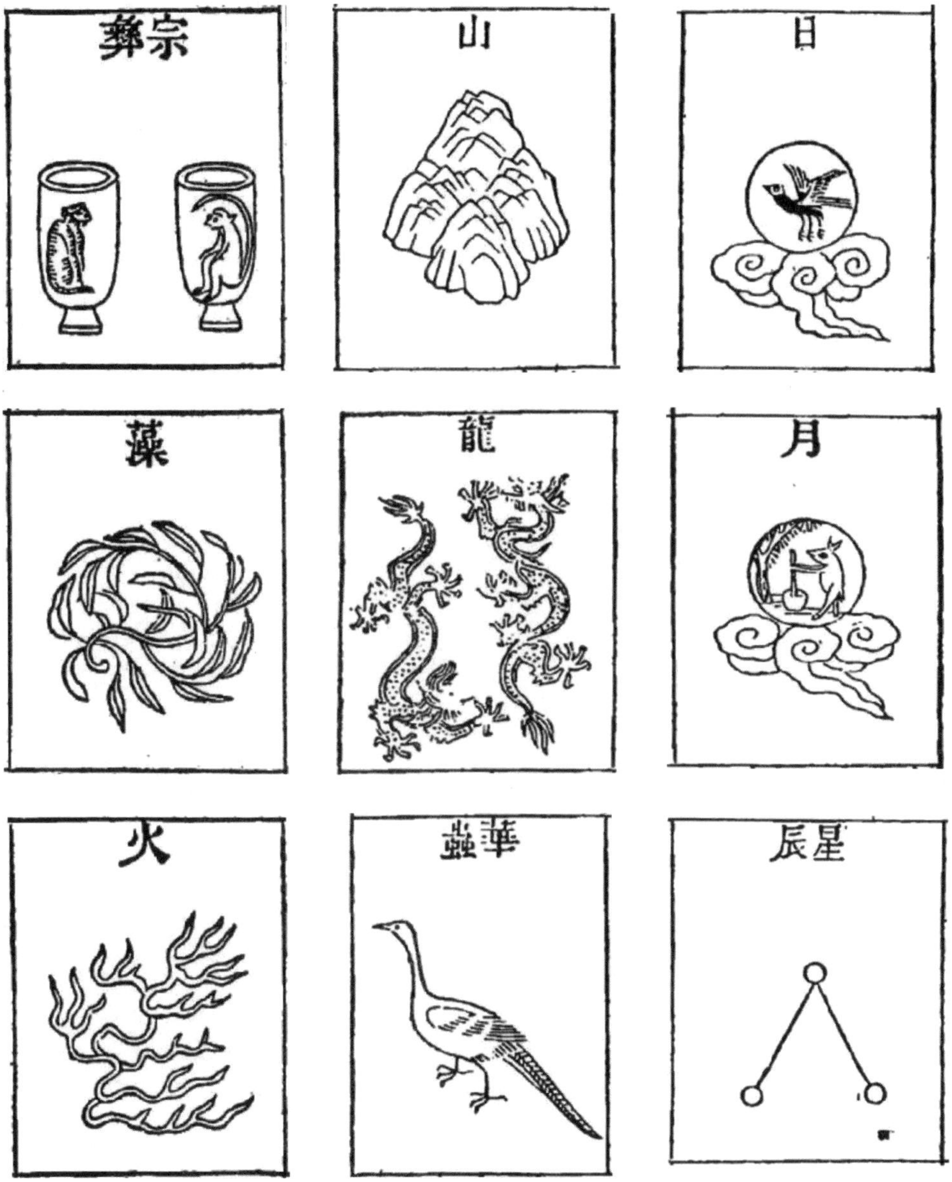

明代《三才圖會》中關於十二章紋圖案的記載

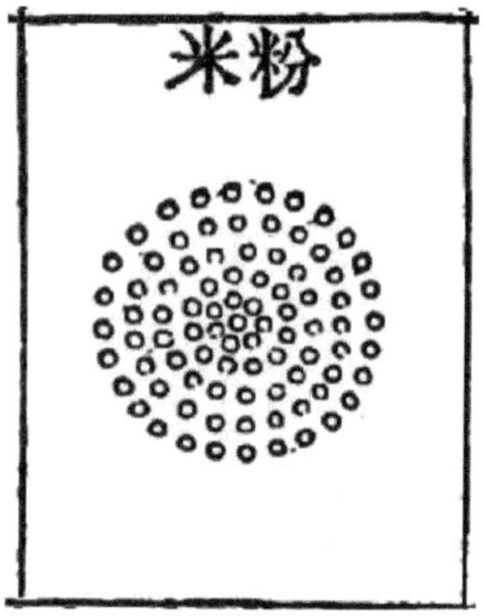

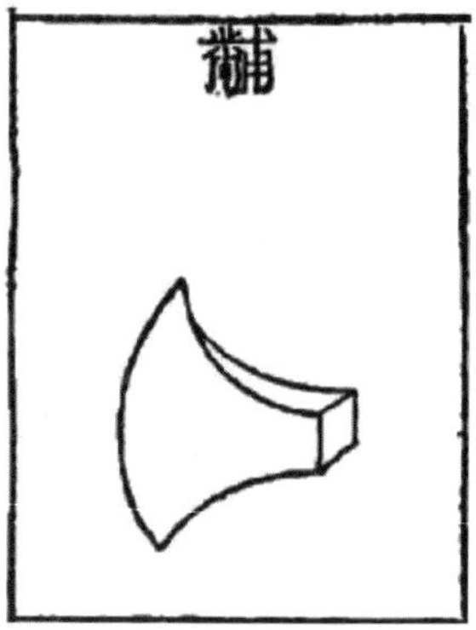

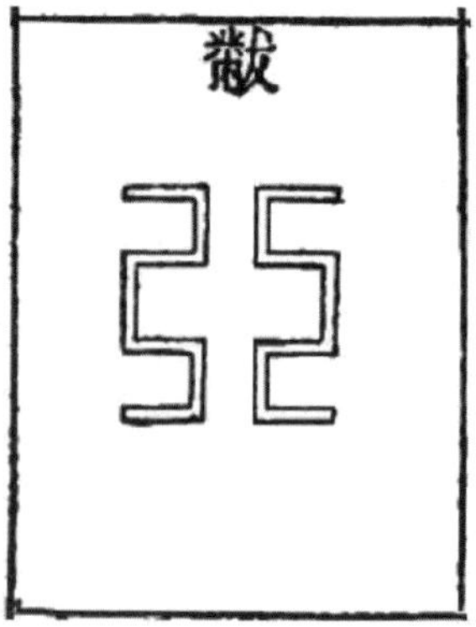

冕服有六種，分別為大裘冕服、袞冕服、冕服、毳冕服、冕服和玄冕服，最主要的區別是冕上旒的多少和衣服上章紋種類的多少。

最為隆重的時刻要穿等級最高的大裘冕服，不過大裘冕卻只有一個光禿禿的冕板，上面一串珠串都沒有，衣服上也一種章紋都沒有，體現了「大道至簡」的思想。袞冕有十二條珠串，衣服上有十二種章紋；冕上只有八條珠串，衣服上只有七種紋飾；毳冕上只有七條珠串，衣服上只有五種紋飾；冕上只有六條珠串，衣服上只有三種紋飾；玄冕上只有五條珠串，衣服上只有一種紋飾[1]。

十二章紋分別為日、月、星辰、山、龍、華蟲、宗彝、藻、火、粉米、黼和黻，在周代被正式確立為服章制度的重要組成部分，一直沿用到了袁世凱復辟帝制時，不過具體的紋飾卻有所變化。《三才圖會》留有關於章紋具體圖案的記載。

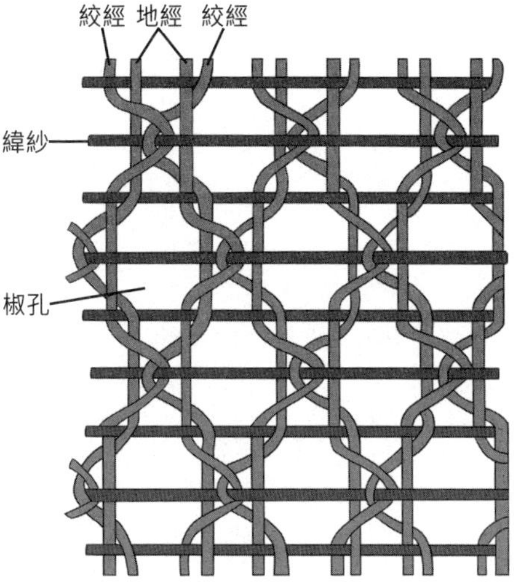

通體扭絞羅

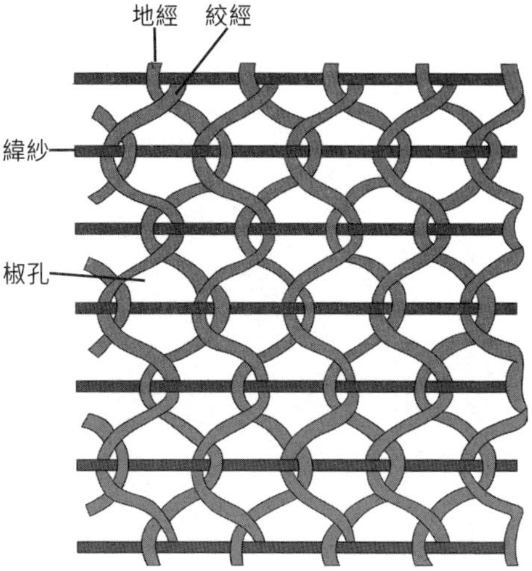

不通體扭絞羅

日選取的圖案為太陽，下有祥雲，內有鳳凰。月選取的圖案為月亮，下有祥雲，內有類似老鼠的動物。星辰選取的圖案為三點相連的星座。日、月、星辰代表三光照耀，象徵皇恩浩蕩，普照四方。山選取的圖案為連綿巍峨的群

(南宋)馬麟《夏禹王像》

1（北宋）宋祁等《新唐書·卷二十四·志十四·車服》。

山，寓意穩重鎮定。龍選取的圖案為兩條騰雲駕霧的龍，寓意神異變幻。華蟲選取的圖案為擁有五色羽毛的雉雞，寓意博學而有文采。宗彝就是宗廟彝器，選取的圖案為宗廟祭祀用的酒器尊，蘊含供奉孝養祖先之意。藻選取的圖案為水藻，寓意潔淨高雅。火選取的圖案為熊熊燃燒的火焰，寓意明亮輝煌。粉米也就是白米，選取的圖案為圓形排列的農作物，寓意有所養。黼選取的圖案為黑白相間的斧子，刃白而身黑，寓意果敢而又魄力。黻為黑青相間的弓形紋飾，寓意明察秋毫、改惡向善。

之所以要如此煩瑣地設計出六套冕服，是為了適應不同場合下的禮制要求，比如祭祀天地是天大的事，皇帝自然要穿最為隆重的大裘冕服。古人以春分為朝日，以秋分為夕月，這兩個節日均是普通節日，因此皇帝參加相關慶典時往往只會穿玄冕。

不過到了宋代，六種冕服只剩下袞冕服一種，皇帝也只是祭祀時偶爾穿一穿。它不再是傳

❶ 鹿盧玉具劍

（唐代）閻立本《歷代帝王圖》中的隋文帝楊堅像

統的玄衣裳而改為青衣紅裳，面料改用更為輕盈的絲織品羅。冕服裡面穿的裡衣，稱為「中單」，類似於今天的襯衣，也改用羅。

羅的質地比較輕薄，絲縷較為纖細，最明顯的特徵就是多根經紗互相糾纏在一起形成的椒孔。羅的組織結構較為奇特，並非

2 （元代）脫脫等《宋史．輿服四》。

北宋初期冕服制度[2]

冕服種類	服飾搭配	適用官員
九旒冕服	塗金銀花額，犀和玳瑁簪導，青羅衣繡山、龍、雉、火、虎蜼（即某種體型較大的長尾猴）等五種章紋，緋羅裳繡藻、粉米、黼、黻四種章紋，緋色蔽膝上繡山、火兩種章紋，白花羅中單，玉裝劍、佩，革帶，暈錦綬，二玉環，緋白羅大帶，緋羅襪（紅色羅織造的襪子）、履	參加祭祀的親王、宰相
	冕上無額花，玄衣纁裳（黑色上衣、淺紅色下衣），章紋與上面一致，小白綾中單，獅子錦綬，二銀環，其他同上	參加祭祀的三公（即太尉、司徒、司空）
七旒冕服	犀角簪導，上衣繪有虎蜼、藻、粉米三種章紋，下裳繪有黼、黻兩種章紋，銀裝佩、劍，革帶，其他同九旒冕服	參加祭祀的九卿（九寺的長官）
五旒冕服	青羅衣裳，服飾上沒有章紋，銅裝佩、劍，革帶，其他同七旒冕服	參加祭祀的四品、五品官員，如果是六品以下官員獲准穿此服，沒有劍、佩和綬
紫檀冕服	冕上有五旒，紫檀衣，羅織成的朱裳（紅色下衣），皂大綾綬，銅裝劍、佩	參加祭祀的御史、博士
平冕服	冕上沒有旒，青衣纁裳（青色上衣和淺紅色下衣），沒有劍、佩和綬，其他同五旒冕服	主持祭祀的太祝、奉禮

用傳統的經緯交織方式織成，而是讓互不平行的地經和絞經有規律地絞轉後再與緯紗交織在一起，形成網紋狀，看上去並無縱橫的條紋。

羅又可細分為通體扭絞羅和不通體扭絞羅。通體扭絞羅通常以四根經線為一組進行織造，不通體扭絞羅通常以兩根經線為一組進行織造。通體扭絞羅因工藝過於複雜導致產量一直都很低，到了明清時期逐漸被不通體扭絞羅徹底取代，退出了歷史舞臺。

若想更為直觀地感受宋代冕服的風采，只能從宋人畫作

北宋政和年間冕服制度[3]

冕服種類	服飾搭配	適用官員
九旒冕服	正一品服，金塗銀棱，有額花，犀簪，青衣上繪有降龍，朱裳，蔽膝，白羅中單，大帶，金塗銀革帶，天下樂暈錦綬，金塗銀裝的玉佩，青絲網玉環，朱襪（紅色襪子），朱履	親祠大禮使、亞獻、終獻、太宰、少宰、尚書左丞。每年大祠，充當初獻的親王、宰相、執政官、郡王
	從一品服，無額花，白綾中單，紅錦綬，銀環，金塗銀佩，其他同正一品	親祠吏部、戶部、禮部、兵部、工部尚書，伏在太廟進受幣爵、奉幣爵的皇室成員，每年大祠捧俎官、大祠中祠初獻官
七旒冕服	二品服，角簪，青衣上沒有降龍圖案，其他同從一品	參加祭祀的吏部侍郎、殿中監、大司樂、光祿卿、讀冊官，負責在太廟薦俎、贊進飲福的皇室成員，擔任七祀、配享功臣活動的分獻官，每年大祀，謂用宮架者，大司樂、大祠中祠亞終獻、大祠禮官、小祠獻官，參加朔祭活動的太常卿

五旒冕服	三品服，皂綾綬，銅環，金塗銅革帶，佩，其他同二品服	參加祭祀的舉冊官、大樂令、光祿丞、奉俎饌籩豆簠簋官、分獻官，負責在太廟奉瓚盤、薦香燈、安奉神主、奉毛血盤、蕭蒿篚、肝膋豆的皇室成員。每年祭祠大樂令、大中祠分獻官
	御史服，紫檀衣，其他同三品服	參加祭祀的監察御史
無旒冕服	素青衣，朱裳，蔽膝，無佩綬，其他同三品服	奉禮協律郎、郊社令、太祝太官令、親祠抬鼎官、進摶黍官、太廟供亞終獻金斝、供七祀獻官、執爵官

中管窺一二。雖然《夏禹王像》描繪的是夏朝奠基人大禹，但畫家馬麟卻與大禹相距三千餘年，因此他筆下的大禹所穿的冕服更多反映的是宋代冕服的特徵，最明顯的地方就是採用了青衣紅裳樣式而非傳統的玄衣裳樣式。

宋代冕服並未嚴格遵照傳統的十二章紋，而是新增了雉、虎蜼等章紋。雉應該就是之前的華蟲，虎蜼卻不知為何種圖案。不過蜼為某種體型較大的長尾猴，因此虎蜼很可能是長得像老虎的長尾猴。

神宗皇帝趙頊是一位銳意改革的皇帝，曾力主恢復大裘冕服，不過他去世後，在政治上支持守舊派的向太后卻又廢除了大裘冕服。等到向太后也去世了，真正掌握政權的哲宗皇帝趙煦以及他的繼任者，也是他的十一弟徽宗皇帝趙佶繼承了父親的遺

3 （元代）脫脫等《宋史·輿服四》。

南宋時期冕服制度[4]

冕服種類	服飾搭配	適用官員
鷩冕服	冕上有八旒，每串有八顆玉珠，分別為朱、白、蒼三種顏色；角笄，青纊，紫羅紘，三色紞。青黑羅製成的上衣上繡有華蟲、火、虎蜼彝三種章紋，裳（即下衣）的表面為纁色（即淺紅色），裡面為羅（即一種質地稀疏的絲織品），繡有藻、粉、黼、黻四種章紋；大帶；中單；以瑂（一種像玉的石頭）為佩並串上藥珠；絳錦銀環綬，韍上紕下純，繪有山、火兩種章紋；革帶，表面為緋羅（即紅色的羅），金塗銀裝；襪和舄按照舊制穿搭	宰相以及擔任亞終獻、大禮使的官員
毳冕服	冕上有六旒，每串有六顆玉珠，分別為朱、白、蒼三種顏色，上衣有虎蜼彝、藻、粉米三種章紋；下裳繡有黼、黻兩種章紋，佩藥珠、衡、璜等，以金塗銅帶，韍（一種蔽膝）上繡有一種山形章紋，革帶為金塗銅，其他與冕服相同	六部侍郎以上官員
絺冕服	冕上有四旒，每串有四顆玉珠，分別為朱、綠兩種顏色。上衣有粉米一種章紋，下裳繡黼、黻兩種章紋，皂綾綬，銅環，其他與毳冕服相同	光祿卿、監察御史以上的官員以及擔任讀冊官、舉冊官、分獻官的官員
玄冕服	冕上沒有旒，無佩綬，上衣純黑沒有章紋，下裳上刺黼，韍上沒有刺繡，其他與冕服相同	光祿丞、奉禮郎、協律郎、進搏黍官、太社令、良醞令、太官令、奉俎饌等官、供祠執事官內侍以下
紫檀冕服	四旒，紫檀衣	博士、御史

志，又恢復了大裘冕服。大裘冕服的興廢也成為力主改革的新黨與反對改革的舊黨之間進行權力博弈的一個縮影。

冕服並非只有皇帝能穿，皇太子、親王、高級官員和具體負責祭祀事務的官員都能穿，但只有皇帝所戴的冕才有十二旒，皇太子、親王、高級官員所戴的冕只有九旒，中上級官員所戴的冕為七旒，中下級官員所戴的冕為五旒，負責具體事務的低級祭祀官員只能戴沒有旒的平冕，其他參加祭祀的低級官員不允許穿冕服。

除了旒之外，區分冕服等級的標誌物還有冕正前方的裝飾物，宰相、親王所戴的冕上有塗著金銀的額花，其他官員所戴的冕上便沒有此種額花。還有簪導的形制，皇帝用的是玉質的簪導，其他官員用犀角、玳瑁簪導。衣裳上章紋的數量，通常與旒的數量保持一致，如果是九旒冕服通常會有九種章紋。是否有劍、綬和佩及其具體形制，比如皇帝佩的是鹿盧玉具劍，劍柄頂端（即鏢首）還鑲嵌有大珠；親王、宰相佩的是玉裝劍；九卿（九寺的長官，相當於各部部長）佩的是銀裝劍；四品、五品官員佩的是銅裝劍；六品以下官員不得佩劍。

徽宗皇帝趙佶是一位喜歡標新立異的皇帝，他重新修訂了冕服形制。之前冕服等級

4 （元代）脫脫等《宋史・輿服四》。

主要是與官員品級掛鉤，此次改革後穿什麼樣的冕服主要看你在祭祀活動中充當何種角色，官員的品級有所淡化。

南宋時期對冕服制度又進行了一次大的改革，省去了與古禮並不相符的九旒冕服、七旒冕服、五旒冕服和無旒冕服，恢復了傳統的冕服、毳冕服、冕服和玄冕服，冕上旒的數量也從單數變為雙數，分別為八旒、六旒、四旒和無旒，對應公、卿、大夫和士四個階層。

之前皇帝著冕服時腳上穿的依舊是傳統的木底鞋舄，但朝臣們穿的卻是比較舒適的履。南宋時期恢復舊制，君臣全都穿舄，頗有些君臣同甘共苦的意味！

平日裡穿公服

重大祭祀活動時，皇帝需要穿冕服；重大典禮朝會時，皇帝需要穿朝服，朝服的具體形制將在後面進行介紹。這兩種服飾更多的是凸顯威嚴與莊重，並不太在意穿者的感受，穿上之後感覺並不舒服，行動也不方便。

盛夏時節，太祖皇帝趙匡胤召翰林

（唐代）懿德太子李重潤墓壁畫（局部）

學士竇儀進宮起草詔書。竇儀自然是不敢怠慢，頂著烈日急匆匆趕到宮中，卻見到了令他驚詫不已的一幕：太祖皇帝趙匡胤正悠然自得地在樹下乘涼，袒胸露背，赤裸雙腳。竇儀此時穿著厚厚的朝服，早已熱得汗流浹背，卻停下了腳步，默默站在炎炎烈日之下，任憑身旁的宦官們如何催促，始終不肯向前半步。

趙匡胤見狀只得有些不情願地將袍服穿戴齊全，竇儀這才來到他的面前。[5] 趙匡胤是武將出身，自由灑脫慣了，自然對那些繁複的朝服心存抵觸，但如今卻貴為皇帝，只得遵守相關禮制。

鑒於此，宋代皇帝將唐朝常服升格為公服。唐代的公服被稱為「省服」，省略了一切服飾要素；朝服被稱為「具服」，也就是具備一切服飾要素。那時的朝服與公服並無太大差異，只是減少了蔽膝、佩綬等配飾，但宋代公服卻是在唐代常服的基礎上發展而來，與朝服壓根就是截然不同的兩種服飾。

無論是皇帝，還是官員，穿公服時的標準搭配都是頭戴襆頭，

5 （宋代）王君玉《國老談苑》。

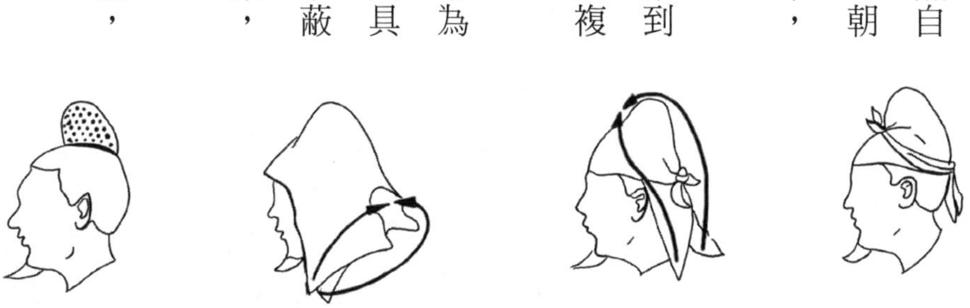

4、繫好之後的襆頭　3、將襆頭的兩個前腳向前翻轉並繫在額頭　2、將襆頭蒙在頭上，並將襆頭的兩個後腳繫在腦後　1、髮髻上罩上巾子

唐代軟腳襆頭的裹法

身穿圓領襴衫，腰間束革帶，腳穿烏皮靴，不過與唐代常服還是有所差異的。唐代官員所穿常服的圓領下通常並無襯領，宋代卻普遍加裝了較硬的襯領。宋代官員所穿公服通常比唐代常服更為寬大，更能彰顯端莊威儀之感，不過也有相對窄袖緊身的款式。

❶ 直腳襆頭
❷ 椅披
❸ 圓雕髹金漆的鳳頭
❹ 圓領襴衫
❺ 帶
❻ 橫襴
❼ 壼門洞
❽ 托泥
❾ 雲紋腳
❿ 足承
⓫ 烏皮靴

（宋代）佚名《南薰殿藏太祖坐像》

襆頭是從頭巾發展而來，在周禮之中，普通老百姓不能隨意戴冠，只能用頭巾來包頭，時至今日，陝北地區的農民仍舊習慣用羊肚手巾包頭。北周武帝宇文邕覺得用頭巾包頭不好打結，便將一整塊頭巾裁出四個腳並且將其加長，先將兩個腳繫在腦後，然後再將另外兩個腳反繫在頭頂，襆頭便就此誕生了，也被稱為「折上巾」或「四腳」。

唐代最流行軟腳襆頭，但硬腳襆頭也開始嶄露頭角。硬腳襆頭就是在襆頭裡面用竹或銅鐵絲做一個骨架，不再像之前那麼軟綿綿的。它可以製成多種造型，也漸漸成為官員們的「特殊供應」。

到了宋代，襆頭一般用黑色漆紗製成，不過在喜慶場合也可以戴色彩鮮豔的襆頭，此時它已經從頭巾徹底發展成為可以隨時摘戴的帽子。官員戴的通常為直腳襆頭，也被稱為平腳或展腳襆頭，襆頭的兩個腳又長又直，還能夠自由拆卸。

宋代直腳襆頭的腳之所以會那麼長，有一個流傳很廣的說法，說是為了防止官員們聚在一起交頭接耳。不

（宋代）佚名《南薰殿藏真宗坐像》

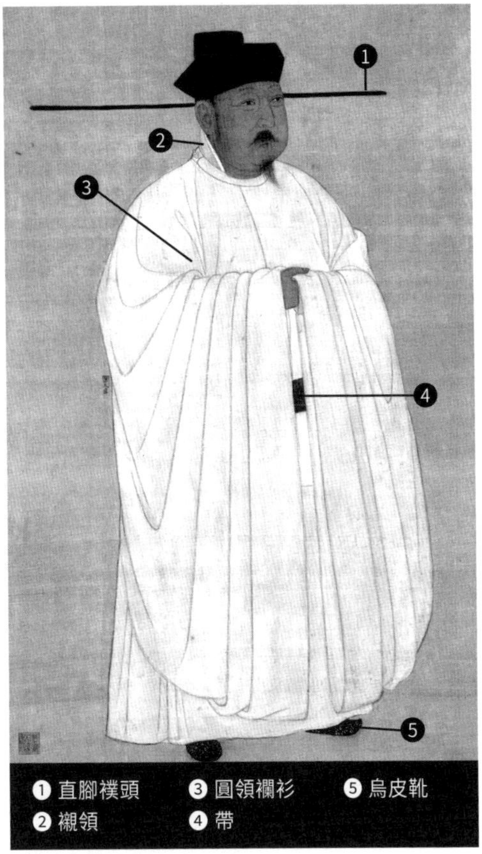

（宋代）佚名《南薰殿藏太宗立像》

過這個說法卻不太靠譜：維持朝會秩序有執掌風紀的御史，只需強化監督問責即可，何必非要將襆頭的腳設計得如此之長呢？況且皇帝戴的也是這種襆頭，難道皇帝也要加強自我約束嗎？之所以會盛行這種襆頭，主要還是因為宋人以此為美。

與襆頭搭配的服裝為圓領襴衫。襴衫的膝蓋處會刻意留有一道接縫，稱為「橫襴」，這也是襴衫得名的原因。至於為何要刻意留下這道縫，應該是時人對古風的一種崇拜和追求。之前受技術所限，織機織出來的織物寬度往往比較有限，一匹織物往往並不能做整身的服裝，於是人們便在膝蓋位置縫接另外一匹織物，這道接縫便漸漸演變為「橫襴」。到了宋代，織造技術已經很發達，卻依舊會人為地留下這道「橫襴」，有點類似於今天那些故意在膝蓋處留有破損的牛仔褲，被認為是一種時尚美！

北宋歷代皇帝對舒適的公服都情有獨鍾，因為公服並沒有那麼多繁複的配飾，看上去簡潔莊重，穿起來舒服得體。北宋初年的太祖皇帝趙匡胤和太宗皇帝趙光義喜歡穿淺黃色圓領襴衫，之後的皇帝除了英宗皇帝趙曙外，穿的幾乎都是紅色圓領襴衫，圓領之下均添加了硬質襯領。

順便介紹一下宋代的龍椅。趙匡胤所坐的這把龍椅其實並沒有龍的造像，只有鳳頭造像，看上去更像是榻。他的腳下有一個專門用於腳踩的類似小茶几的物件，稱為「足承」。龍椅和足承下方均設有托泥，托泥下方有很細的雲紋腳，托泥的作用就是使得龍椅盡可能少地沾染泥土。龍椅的側面有壼門洞，注意這個字比「壺」字多了一橫，最早是佛教建築中一種門的樣式，後來成為傢俱的一種鏤空造型。洞下有彷彿要升騰而起的如意雲頭紋。龍椅通身塗有豔麗的紅漆，椅身上還覆蓋有米黃色椅披。龍椅後面弓形搭腦的兩端以及兩側水平扶手的前端均有圓雕髹金漆的鳳頭造型。搭腦是椅背最上端的橫樑，人坐在椅子上腦袋可以搭在上面，因此而得名。鳳的嘴中還銜著「一懸三」式樣的掛珠，也就是一串大珠下面懸著三串小珠。龍椅其他邊角處也有鎏金鑲嵌，還裝飾有精美的草葉紋和雲紋紋飾。

（宋代）佚名《南薰殿藏英宗坐像》

（北宋）徽宗皇帝趙佶《聽琴圖》（局部）

從真宗皇帝趙恆開始，宋代皇帝們所坐龍椅不再是榻的形制，而是與如今的椅子更為相似，造型也越來越簡潔：椅背最上面搭腦兩端有雲紋造型，四條腿上也有精緻的造型，除此之外並無什麼特別之處，可謂低調奢華的代表！

英宗皇帝趙曙雖然繼承的是仁宗皇帝趙禎的皇位，但他卻並不是仁宗皇帝的兒子，只是仁宗皇帝的遠房堂侄。趙曙是太宗皇帝趙光義的曾孫，他的祖父商王趙元份與仁宗皇帝的父親真宗皇帝趙恆是親兄弟。仁宗皇帝遲遲沒能生出兒子，只得將年幼的趙曙養在皇宮之中，不過他後來卻接連有了趙昉、趙昕和趙曦三個兒子，趙曙的地位也變得很是尷尬，幾度被迫出宮。但仁宗皇帝的三個兒子最終全都夭折，趙曙這才苦盡甘來，登基稱帝，這段坎坷的經歷也造就了他怪異的性格。

在《南薰殿藏英宗坐像》中，他所坐的那把龍椅更像是一張寬大的榻，後面雖有靠背，卻因太寬而難以倚靠；兩側應該有扶手，卻因相距甚遠而無法扶握。龍椅的搭腦兩端均有曲頸龍頭的裝飾，看上去矯健而又大氣，彷彿在刻意向世人昭示他這位逆襲登基的皇帝儘管不是老皇帝的兒子，卻是真命天子！

生活中的便裝

皇帝在私人時間自然可以不用受那麼多拘束，穿衣自然也就可以隨意些，只要無傷大雅，可以隨心所欲地穿搭。因此，不同的皇帝也有著不同的穿衣風格。

在《聽琴圖》中，那個撫琴之人便是徽宗皇帝趙佶自己。他一向崇尚道教，頭戴黃冠，身著法衣，儼然一副道士裝扮，還曾給自己上尊號「教主道君皇帝」。

第二節　官員們的穿衣喜好

朝服講究方心曲領

在重大典禮、重要朝會、君臣相見等場合，皇帝和百官都要穿朝服。朝服遵循古法，對冠、帶、袍、鞋等都有著極其嚴格的禮制要求，無論是嚴夏酷暑，還是臘月寒冬，皇帝和百官都要穿戴齊整，不能有一絲一毫的馬虎，這對那些年老體弱的官員無疑是極為嚴峻的考驗。

王淮為南宋孝宗朝宰相，先任參知政事兼樞密院事，後升任右丞相兼樞密院事，再升任左丞相。有一次，他在酷暑時節接見臣僚，或許是時間有些長了，抑或是南方的天氣實在太過悶熱，又可能是養尊

（宋代）佚名《南薰殿藏宣祖坐像》

處優的王淮的體質實在太差了，談著談著居然暈死過去了[6]。

《南薰殿藏宣祖坐像》所繪的是北宋開國皇帝趙匡胤的父親趙弘殷。其實趙弘殷並未當過皇帝，只是在死後才被追封為宣祖皇帝，不過畫中的他所穿是典型的皇帝裝束，頭戴二十四梁通天冠，給人高聳通天的感覺。冠上的豎道稱為「梁」，數量越多便越尊貴。

宋代朝服有別於其他朝代朝服最為鮮明的特徵便是「方心曲領」，也就是用白羅製成的上圓下方的項飾，蘊含著天圓地方的寓意。穿戴時，只需將圓形部分直接套在脖子

（宋代）佚名《南薰殿藏宣祖坐像》（頭部）

6 （南宋）葉紹翁《四朝聞見錄·大臣衩衣見百官》：「大臣見百官，主賓皆用朝服。時伏暑甚，丞相（王）淮體弱不能勝，至悶絕。」

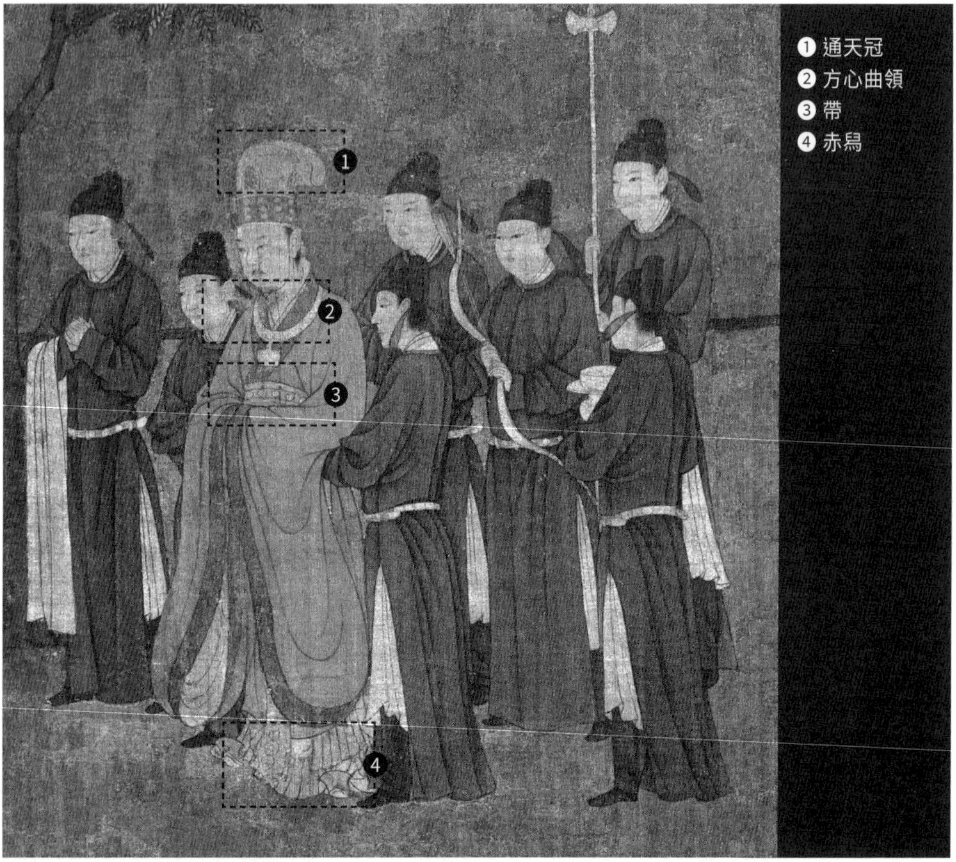

（宋代）佚名《女孝經圖》

上，下綴的方框便正好懸垂於胸前[7]，並罩於外衣交領之上。方心曲領並非僅僅只是為了美觀，也具有一定的實用性，比如交領服裝往往比圓領服裝更容易蓬起，而方心曲領能起到壓貼的作用。

宋代官員的朝服主要有三種，分別是進賢冠服、獬豸冠服和貂蟬冠服。

進賢冠始於兩漢，盛於唐宋，廢於元代，

因文臣有向朝廷引薦能人賢士的職責而得名。進賢冠前低後高，前梁傾斜，後冠垂直，戴時通常會加於幘（即包裹髮髻的頭巾）上。

進賢冠上樑的數量也代表著官員品級的高低，宋代立國之初最多為五梁，後來又出現了七梁冠。

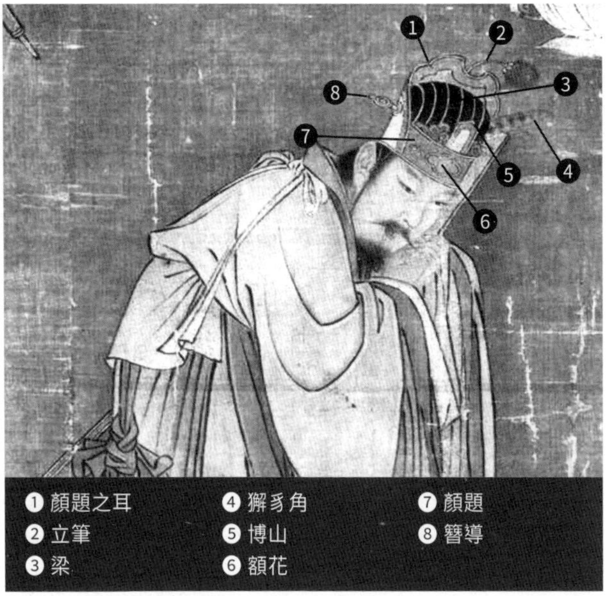

（宋代）佚名《卻坐圖》（局部）

（北宋）張敦禮（據傳）《九歌書畫卷》（局部）

7（南宋）衛湜《禮記集說》。

《卻坐圖》清晰展示了進賢冠上的各個部件。顏題為進賢冠最下方的帽圈，通常為環形，位於冠後側的顏題之耳到了宋代也變高變大，從漢代時的尖角變成了圓角，形成一個弧形帽筒包裹住冠身的後半部分。

展筩為顏題正前方向上延伸至腦後的黑色冠體部分，宋代沿用了唐代的棚形構造，縱向的豎道稱為「梁」，七根豎道表明此冠為最高禮制的七梁冠。《九歌書畫卷》中描繪的是五梁冠，為北宋前期最高禮制的進賢冠，不過最右側那根梁因角度的原因並不是太清晰。

顏題正前方通常會有精美的裝飾，因恰好位於額頭之上，因此被稱為「額花」。額花上方的山形物件為「博山」，因形狀與傳說中的海中名山博山較為相似而得名。

有的官員所戴進賢冠後會插有立筆。古時史官、諫官或近臣侍從有在冠上插筆的習慣，為的是隨時記錄皇帝的重要指示。不過到了宋代，冠頂立筆成為高級官員的專屬配飾。《卻坐圖》中所繪進賢冠前方還有一角形物件，筆者認為應是獬豸角。獬豸是一種能辨別是非曲直的神獸。北宋之初，只有負責監察百官的御史台的官員才能佩戴，凸顯了朝廷對他們這些風紀官的器重。

進賢冠添加了這只獬豸角後便成為獬豸冠。由於獬豸冠只有少數人佩戴，因此學界

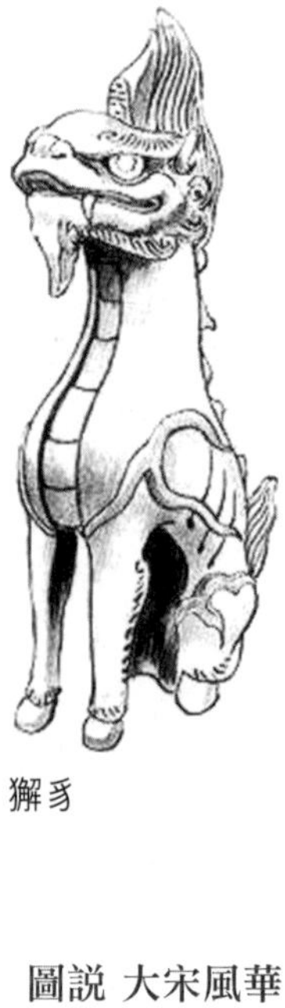

獬豸

（南宋）陳居中（據傳）《文姬歸漢圖》（局部）

對於獬豸角的具體形制目前還存在一定爭議。不過《卻坐圖》中所繪角形物件與《宋史》中關於獬豸角的記載完全吻合，因此此冠應為獬豸冠。

進賢冠上還有一個名叫「納言」的物件，不過《宋史》只是記載納言位於腦後，卻並未記載它的具體形制。在《文姬歸漢圖》中，這位官員頭上戴的冠明顯為進賢冠樣式，冠後有一道縫，縫上有一個蝴蝶狀的飾物，此物應該就是史書中所記載的納言。

最後再說一說貂蟬冠，其實就是在進賢冠外加上籠巾和貂蟬。在北宋立國之初，只有在宰相機構中書門下工作的高級官員才能佩戴貂蟬冠，以示朝廷對這些重臣的恩寵。

在《范仲淹執笏像》中，范仲淹戴的正是貂蟬冠，裡面是三梁進賢冠，額頭上方為塗金銀額花，再往上是金質博山，博山上有用黃金製成的蟬形裝飾物，稱為「金附蟬」；兩側還有用玳瑁製成的三枚蝴蝶狀小蟬，不過左側並未顯露出來；側面還插有用於束髮的犀簪導。

進賢冠外罩方形籠巾，與唐代流行的圓形籠巾在樣式上有著較大的差異。籠巾兩側的遮耳下垂至肩部，左後方插有貂尾。籠巾上方的紅色絨球類似於《卻坐圖》中立筆最上端的絨球，通常只有七梁冠和五梁冠上才會有立筆，而范仲淹戴的卻是三梁冠。由於這個物件的主體部分並未顯現出來，因此難以下定結論。

畫中的范仲淹身著綠羅襯裡緋羅袍，圓領和袖口皆用黑羅，脖頸處露出穿在朝服裡

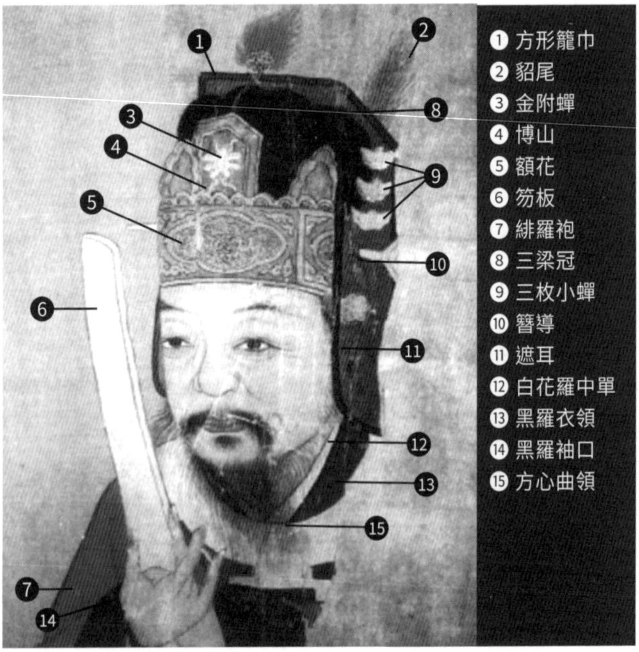

（明代）佚名《范仲淹執笏像》

側的白花羅中單，項下胸前懸掛著方心曲領的項飾。范仲淹雙手拿著笏板，左手大拇指、中指、無名指緊貼笏板，食指、小拇指微微上翹，五根手指均留有又長又白的指甲。他所持笏板為象牙材質，上圓下方，笏板頂端略高於額頭。

笏板本是官員用來記事的工具，但歷史文獻中卻並未記載具體的記錄方式。南宋著名學者朱熹認為是將所記之事寫在一張小紙條上，然後再將紙條黏貼在笏板背後，這無疑是一種便捷高效的方式。不過笏板的出現時間卻早於紙張，在紙張出現以前古人如何用笏板記事便不得而知了，或許是真的刻在笏板上。

到了宋代，笏板的實用功能已漸漸有所淡化，成為官員們重要的禮器。無論是舉行大典、日常朝見還是平時辦公，那些身著朝服或公服的官員往往都會手執笏板躬身施禮，稱為「叉手禮」。

雖然天子平時上朝無須攜帶笏板，但在舉行重大祭祀活動時也會以玉圭為笏板，對天地、祖宗或神明行禮時，手中要畢恭畢敬地捧著。在《南薰殿藏宣祖坐像》中，趙弘殷的手中便捧著笏板。

北宋前期，只有五品以上文散官才允許用象牙笏板，九品以上文散官只能使用木笏板；武臣內職允許用象牙笏板，若是皇帝的貼身侍衛千牛，即便是五品以下也可以使用象牙笏板。元豐改制後，六品以上寄祿官允許使用象牙笏板，九品以上寄祿官允許使用木笏板。[8]

范仲淹曾在仁宗朝任樞密副使、參知政事。樞密副使為樞密院的副長官，參知政事為執政，在朝中地位和權力僅次於宰相。不過在范仲淹生活的北宋前期，樞密副使和參知政事雖位高權重，卻並不屬於正式官職，均為差遣，因此要確定范仲淹的品級還要看他所擔任的官職。

范仲淹去世前任戶部侍郎（正四品下階），因此他雖權重，但位卻並不算高，既不是三品以上官員，也不是中書省、門下省的官員，按照當時禮制，他似乎不應戴三梁冠。對於這個疑問，筆者認為有兩種解釋。

第一種解釋是除了官之外，職也可以與朝服形制掛鉤。元豐改制時在制度層面對此予以確認，但之前應該便已經開始在執行了。范仲淹擔任的職為資政殿學士（正三品），自然可以戴三梁冠。

第二種解釋是尚書省、中書省、門下省和御史台這四個部門的官員被稱為「台省官」，地位均高於其他部門的官員，通常都會給予相應的優惠政策：其他部門必須是三品以上官員才能戴三梁冠，但中書省、門下省五品以上官員，御史台四品以上官員便可戴三梁冠，唯獨沒有提尚書省，難道與其他部門一樣也必須要是三品以上官員嗎？很有可能是《宋史》漏記了。即便北宋初年公布的政策的確如此，時間一長，尚書省的官員

北宋初年朝服制度[9]

冠名	梁數	冠的形制	官員品級	相關服飾
進賢冠	五梁	塗金銀花額，犀與玳瑁簪導，立筆	一、二品官員	緋羅袍，白花羅中單，緋色羅裙，緋色羅蔽膝，皂色縹襈（黑色衣服邊飾），白羅大帶，白羅方心曲領，玉劍、佩，銀革帶，暈錦綬，二玉環，白綾襪（用白綾織的襪子），皂皮履
	三梁	犀角簪導	諸司三品以上官員、中書、門下兩省五品以上官員	無白花羅中單，銀劍、佩，獅子錦綬，銀環，其他同五梁冠服
	兩梁	犀角簪導	其他四、五品官員	銅劍、佩，練鵲錦綬，銅環，其他的同三梁冠服
			六品以下官員	無中單，無劍、佩、綬
貂蟬冠	五梁	進賢冠上加貂蟬籠巾	宰相機構中書門下的一、二品官員	同五梁進賢冠服
獬豸冠	三梁	進賢冠上加獬豸角	御史大夫、御史中丞	衣有中單，其他的同進賢三梁冠
	兩梁		御史	根據自身品級分別穿紫色、緋色或綠色袴褶，白綾中單，白綾褲，白羅方心曲領

8 （元代）脫脫等《宋史・卷一百五十三・輿服五》。

9 （元代）脫脫等《宋史・輿服四》。

難免會有意見，到了范仲淹生活的仁宗朝，相關政策很可能已經進行了相應調整。

不過還有一個問題，在北宋前期，三梁冠不應加貂蟬籠巾，只有戴五梁冠的一、二品高官才允許加貂蟬籠巾，身為四品官的范仲淹為何會戴貂蟬冠呢？或許是明人繪製這幅畫像時並沒有進行嚴格的考證，但還有另外一種可能，即這是皇帝給予曾任宰執的官員的一種特殊政治待遇。雖然他們的品級不是很高，卻曾在最核心、最重要的崗位工作過，

北宋中後期朝服形制 [10]

<table>
<tr><th>等級</th><th>施行時間</th><th>品級與官職</th><th>冠的形制</th><th>佩綬形制</th></tr>
<tr><td rowspan="7">一等朝服</td><td>元豐改制後</td><td>親王、使相、三師（即太師、太傅、太保）、三公（即太尉、司徒、司空）</td><td>貂蟬籠巾，七梁冠，黃金附蟬</td><td>—</td></tr>
<tr><td>政和改制後</td><td>三公、左輔、右弼、三少、太宰、少宰、親王、開府儀同三司</td><td>七梁冠，金塗銀棱，貂蟬籠巾，犀簪導，銀立筆</td><td>金塗銀裝玉佩，天下樂暈錦綬，青絲網間施三玉環</td></tr>
<tr><th>施行時間</th><th>帶的形制</th><th>服裝形制</th><th>鞋的形制</th></tr>
<tr><td>元豐改制後</td><td>—</td><td>—</td><td>—</td></tr>
<tr><td>政和改制後</td><td>緋白羅大帶，金塗銀革帶</td><td>朱衣朱裳，白羅中單，皂褾（衣服黑色緄邊）、皂襈（衣服黑色邊飾），朱色蔽膝，方心曲領</td><td>白襪黑履</td></tr>
</table>

等級	施行時間	品級與官職	冠的形制	佩綬形制
二等朝服	元豐改制後	樞密使、知樞密院至太子太保等諸官	七梁冠，沒有貂蟬籠巾	—
	政和改制後	執政官、東宮三師	七梁冠，沒有貂蟬籠巾	銀裝玉佩，雜花暈錦綬，青絲網間施三玉環
	施行時間	帶的形制	服裝形制	鞋的形制
	元豐改制後	—	—	—
	政和改制後	與一等朝服相同	與一等朝服相同	白襪黑履
等級	施行時間	品級與官職	冠的形制	佩綬形制
三等朝服	元豐改制後	尚書左右僕射至龍圖閣、天章閣、寶文閣直學士等諸官職	六梁冠	方勝宜男錦綬
	政和改制後	大學士、學士、直學士，東宮三少、御史大夫、御史中丞、六曹尚書和侍郎，殿中監、大司成、散騎常侍、特進、金紫、銀青光祿大夫、光祿大夫、太尉、節度使、左右金吾衛、左右衛上將軍	六梁冠	佩，方勝宜男錦綬，銀環
	施行時間	帶的形制	服裝形制	鞋的形制
	元豐改制後	—	—	—
	政和改制後	銀革帶	白紗中單，其他與二等朝服相同	白襪黑履

10 （元代）脫脫等《宋史·輿服四》。

等級	施行時間	品級與官職	冠的形制	佩綬形制
四等朝服	元豐改制後	左右散騎常侍至殿中、少府監等諸官	五梁冠	翠毛錦綬
	政和改制後	太子賓客、太子詹事、給事中、中書舍人、諫議大夫、待制、九寺卿、大司樂、秘書監、殿中少監，國子祭酒，宣奉、正奉、通奉、通議、太中、中大夫，中奉、中散大夫、其他衛上將軍、節度觀察留後、觀察使、通侍大夫、樞密使	五梁冠	翠毛錦綬
	施行時間	帶的形制	服裝形制	鞋的形制
	元豐改制後	—	—	—
	政和改制後	與三等朝服相同	與三等朝服相同	白襪黑履
等級	施行時間	品級與官職	冠的形制	佩綬形制
五等朝服	元豐改制後	客省使至諸行郎中諸官	四梁冠	簇四盤雕錦綬
	政和改制後	九寺少卿，大晟典樂，秘書少監，國子、辟雍司業，少府監、將作監、軍器監、都水使者，起居舍人、侍御史、太子左右庶子、少詹事、諭德，尚書左右司郎中、員外，六部諸	四梁冠	簇四盤雕錦綬

五等朝服		司郎中，朝議、奉直、朝請、朝散、朝奉大夫，防禦使、團練使、刺史、大將軍、正侍、中侍、中亮、中衛、拱衛、左武、右武大夫，駙馬都尉，帶遙郡武功大夫以下武官，樞密副都承旨		
	施行時間	**帶的形制**	**服裝形制**	**鞋的形制**
	元豐改制後	—	—	—
	政和改制後	與四等朝服相同	與四等朝服相同	白襪黑履
等級	**施行時間**	**品級與官職**	**冠的形制**	**佩綬形制**
六等朝服	元豐改制後	皇城以下諸司使至諸衛率府率等諸官	三梁冠	黃獅子錦綬
	政和改制後	殿中侍御史、監察御史、司諫、正言，尚書六曹員外郎、外符寶郎、少府少監、將作少監、軍器少監，太子侍讀、侍講，中書舍人，親王府翊善、侍讀、侍講，九寺、秘書、殿中監，辟雍丞，大晟樂令，兩赤縣令，大理正、司直、評事、著作郎、秘書郎、著作佐郎，太常、宗學、國子、辟雍博士，太	三梁冠	佩，黃獅子錦綬，鍮石環

六等朝服		史局令、正、丞，五官正，朝請、朝散、朝奉、承議、奉議、通直郎，中亮、中衛、拱衛、左武、右武郎，諸衛將軍，衛率府率，武功、武德、武顯、武節、武略、武經、武義、武翼大夫郎，醫職翰林醫正以上，內符寶郎，閤門通事舍人，敦武郎，修武郎		
六等朝服	**施行時間**	**帶的形制**	**服裝形制**	**鞋的形制**
六等朝服	元豐改制後	—	—	—
六等朝服	政和改制後	金塗銅革帶	與五等朝服相同	白襪黑履
等級	**施行時間**	**品級與官職**	**冠的形制**	**佩綬形制**
七等朝服	元豐改制後	寄資者如供奉官、殿頭，三班使臣，陪位京官等諸官	二梁冠	方勝練鵲錦綬
七等朝服	政和改制後	在京職事官、閤門祇候、看班祇候、率府副率、升輦輅立侍內臣	二梁冠	角簪，方勝練鵲錦綬
七等朝服	**施行時間**	**帶的形制**	**服裝形制**	**鞋的形制**
七等朝服	元豐改制後	—	—	—
七等朝服	政和改制後	與六等朝服相同	與六等朝服相同	白襪黑履

<table>
<tr><th>等級</th><th>施行時間</th><th>品級與官職</th><th>冠的形制</th><th>佩綬形制</th></tr>
<tr><td rowspan="3">特殊朝服</td><td rowspan="3">政和改制後</td><td>御史大夫、御史中丞；刑部尚書、刑部侍郎；大理寺卿、少卿；侍御史；刑部郎中；大理寺正、丞、司直、評事</td><td>獬豸冠</td><td>青荷蓮錦綬，其他同進賢冠服</td></tr>
<tr><th>帶的形制</th><th>服裝形制</th><th>鞋的形制</th></tr>
<tr><td>同進賢冠服</td><td>同進賢冠服</td><td>同進賢冠服</td></tr>
</table>

給予適當關照也是情理之中的事。

元豐年間（西元一〇七八——一〇八五年），神宗皇帝趙頊開始推行新官制，朝服制度也隨之進行了修訂。徽宗皇帝趙佶於政和年間（西元一一一一——一一一八年）再度對官制進行了調整，進一步完善了朝服制度。

朝服增加至七等，還新增了七梁冠；嚴格限制貂蟬冠的使用範圍，只有三公（即原來的三師，太師、太傅和太保，均為正一品）、左輔（即侍中，正一品）、右弼（即中書令，正一品）、三少（即原來的三公，少師、少傅、少保，正一品）、太宰（即尚書左僕射，從一品）、少宰（即尚書右僕射，從一品）、親王（正一品）、開府儀同三司（即使相，從一品）等一品大員才允許使用貂蟬冠，二品官員不經允許不得再戴貂蟬冠；同時擴大了獬豸冠的使用範圍，不再只有御史台的官員才允許佩戴，司法機關刑部和大理寺的有關官員也可以戴，範圍不再包括御史台中級別相對低一些的殿中侍御史和監察御史。

日常辦公用公服

公服就是官員在日常朝會和平日辦公時所穿的服裝，可謂宋代官員最常穿的工作服。

在《聽琴圖》中，徽宗皇帝趙佶端坐在正中央，雙手撫琴，另外三人恭恭敬敬地聽著。左邊是王黼，他的身邊還站著一個拱手而立的小童子；右邊是大名鼎鼎的奸相蔡京，手中拿著一柄青篦扇，因扇柄與梳頭所用篦子相似而得名。扇子不僅僅是納涼工具，而且漸漸成為時

（北宋）徽宗皇帝趙佶《聽琴圖》（局部）

頭戴交腳襆頭的官員隨從

大英博物館藏敦煌善童子供養人畫像中的局腳襆頭

（遼代）張世卿墓壁畫中的交腳襆頭

（南宋）佚名《歌樂圖》中頭戴局腳襆頭的樂師

尚用品。

王黼和蔡京聽琴時穿的是公服，頭上戴的是局腳襆頭，與皇帝喜歡戴的直腳襆頭有著較大差異。宋代常見的襆頭樣式有直腳襆頭、局腳襆頭、交腳襆頭、朝天襆頭和順風襆頭[11]。

局腳襆頭也被稱為曲腳襆頭，襆頭兩端的腳並不是直的，而是有不同程度的彎曲，又細分為兩個款式，一款

宣化下八裡遼代墓壁畫《散樂圖》

（宋代）佚名「人物故事圖卷（迎鑾圖）」

大英博物館藏敦煌畫作中的順風襆頭

是與直角襆頭很像，主體部分是直的，但兩端卻有不同程度的彎曲，敦煌善童子供養人畫的正是這種襆頭；另一款是八字襆頭，也就是《文會圖》中王黼和蔡京所戴的襆頭樣式，曾在唐代很是流行，到了宋代流行程度雖大不如前，卻依舊受到很多官員的青睞。

11　（北宋）沈括《夢溪筆談》。

交腳襆頭指的是襆頭上的兩個腳相交在一起，也有兩個款式，一款是兩個腳相交後向上伸展，與朝天襆頭較為相似，遼代張世卿墓壁畫中對此有所描繪；另一款是相交後形成一個環形，《清明上河圖》中的官員隨從以及《歌樂圖》中的樂師所戴襆頭便是這種樣式。

（唐代）閻立本《步輦圖》（局部）

朝天襆頭的兩隻腳筆直向上，給人一種朝天伸展的感覺。《散樂圖》中所繪朝天襆頭向上伸展的兩隻腳又細又長，而《人物故事圖卷（迎鑾圖）》中所繪朝天襆頭向上伸展的腳卻比較粗，類似於明代烏紗帽的帽翅。

《散樂圖》中其他藝人所戴襆頭的腳有桃形、樹葉形等各種不同造型，這些造型奇特的襆頭只是演出時才會佩戴的行頭，在現實生活中很少使用。

順風襆頭較為少見，由於早期襆頭多為軟腳，風一吹兩隻腳便會飄向一側，襆頭設計師靈機一動便設計出了順風襆頭。這種襆頭的兩隻腳全都偏向一側，頗有些「奇裝異服」的意味。青睞這種樸頭的多是一些追求時尚的小青年，有身分、有地位的人一般並不會戴這種樸頭。

在《聽琴圖》中，王黼身穿綠色圓領襴衫，蔡京身穿紅色圓領襴衫。兩人所穿襴衫不僅顏色有所差異，款式也不盡相同。王黼穿的是寬袖廣身，而蔡京穿的卻是相對窄袖緊身，這也是最為常見的兩種款式。

公服顏色也是很有講究的，最高等為紫色，三品以上官員才能穿，注意這個品級指的是散官品級而不是職事官品級，第三章曾對兩者的區別有過介紹；第二等為朱色，也就是紅色，五品以上官員才能穿，不過要比皇帝所穿的紅色公服淺一些，顏色也沒有那麼鮮豔；第三等為綠色，七品以上官員才能穿；第四等為青色，也就是淡綠色，九品以上官員才能穿。

元豐改制後，廢除了早就有名無實的散官，設立了寄祿官，類似於今天的職級，從此

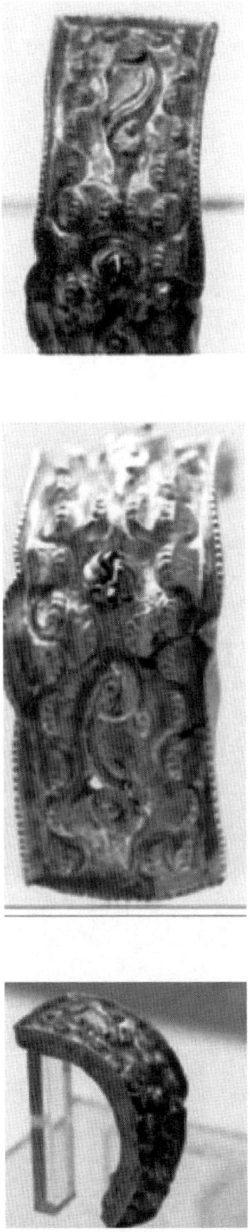

浙江蘭溪南宋墓出土的金魚袋飾物

之後穿什麼顏色的公服便按照寄祿官的品級來確定。同時將四等減為三等，取消了青色公服，四品以上官員穿紫色公服，六品以上官員穿紅色公服，九品以上官員穿綠色公服。[12] 兩人在聽徽宗皇帝撫琴時，蔡京的品級應該還沒有達到四品，王黼的品級還沒有達到六品。

因是私下與皇帝見面，兩人腰間均未佩戴魚袋。魚袋是用來裝魚符的袋子，一般會佩戴在右側腰間。唐代皇帝姓李，李與「鯉」同音，於是便改用魚符，魚符就好比是官員的工作證。唐代時，魚袋分為玉魚袋、金魚袋、銀魚袋三等，太子、親王佩戴玉魚袋，三品以上散官佩戴金魚袋，四品、五品散官佩戴銀魚袋，區別在於魚袋表面裝飾物材質的不同。

魚袋形制和官服顏色成為區分官員品級最為重要的標識物，只有穿紫色官服的官員才能佩戴金魚袋；只有穿紅色官服的官員才能佩戴銀魚袋；穿青色或綠色官服的低級別

（宋代）佚名「春遊晚歸圖」（局部）

官員則不能佩戴魚袋，從唐代到五代，再到北宋元豐改制前一直如此。

在《步輦圖》中，左側為吐蕃使臣祿東贊，佩戴的魚袋近似於一個長方體，裝飾比較簡單，雖受唐文化影響，卻也帶有吐蕃特色；右側為唐朝官員，身著紅色官服，手中拿著笏板，按照禮制應該佩戴銀魚袋，不過他佩戴的魚袋看上去卻比較簡陋，袋子上的銀質裝飾物看不太清，或許是因當時正處於唐朝立國之初，各項制度還處於完善過程中。不過也有學者認為這並非是魚袋。

宋代魚袋上的裝飾物幾乎會遮蔽整個魚袋，金魚袋看上去金光閃閃，銀魚袋看上去銀光燦燦。此外人們還創制了塗金魚袋，也被稱為鍍金魚袋，這種魚袋表面的

12 （元代）脫脫等《宋史・輿服五》。

（五代）周文矩仿唐代韓滉《文苑圖》

裝飾物其實是銀質的，不過卻在外面鍍了一層金，通常由那些被賜服的官員佩戴。

有些官員雖然自身品級未能達到相關規定的要求，但因業績突出或者能力出眾，皇帝又特別器重，有時也會賜服，也就是低級別官員獲准按照高級別官員那樣去穿戴，因此在很多詔書中都會出現「賜金紫」這三個字：金指的就是佩戴金魚袋，紫指的是身穿紫色公服。此外還有「賜銀緋」，也就是穿紅色官服並佩戴銀魚袋。

賜服屬於終身待遇，還有一種臨時性待遇，稱為「借服」，比如低級別官員擔任重要職務或者出使外國，為了彰顯其身分的尊貴，也會獲准按照高級別官員那樣穿戴。不過有借自然便有還，等任期屆滿或者任務結束後，他們便只能按照原有品級進行穿戴。

明清時期區分文武官員只需看官服上的補子，也就是官服胸前或後背織綴而成的圓形或方形織物（文官補子上的圖案為飛禽，武將補子上的圖案為走獸）。這樣不僅能區分文武官員，也能代表品級高低。可宋代官服卻並沒有補子，又該如何區分文武呢？

最簡單的區分方式就是朝會時站立的位置，文官站在東面，武官站在西面。除此之外，公服上也會有所體現。元豐改制後，武官全都身著紫色官服，不過腰間卻並不佩戴魚袋[13]，這無疑成為區分文武官員的關鍵！

再來說說公服所搭配的帶，主要為革帶，由帶扣、鞓帶、鉈尾和帶四部分組成。帶扣通常為環形，包括環孔和舌針兩部分，使用時將皮帶伸入環孔內，然後插入舌針將其固定住。鞓帶就是革帶本身，一般為皮革材質，不過有時為了美觀，也會用布帛包裹在表面。銙尾為革帶尾部飾物，既是為了美觀，也是為了保護皮革，使其不至於裸露損壞。帶為腰帶上的方形或圓形飾片，主要釘綴在腰後面那一段革帶上。由於古人衣服上並沒有兜，於是便發明了蹀躞帶，就是在腰帶上面掛上金屬飾片，飾片下方有小鉤，可以鉤掛些用得著的小物件，後來漸漸演變為。的數量和材質也代表著官員品級的高低。

按照禮制，三品以上官員才會獲准佩戴玉帶，四品官員才會獲准佩戴金帶；其他穿緋色公服的官員獲准佩戴紅　金塗銀排方帶，其餘的官員只能佩戴黑銀右團胯或犀角帶。[14]

一些學者認為《聽琴圖》中蔡京腰間革帶上為玉飾，進而認定他佩戴的是一條玉帶。其實宋代官員佩戴的玉帶並非通體是玉質，也並非將玉直接釘綴在革帶上，而是將玉鑲嵌在上，然後再將釘綴在革帶上，因此畫中蔡京腰間的革帶並非是玉帶。況且獲准佩戴玉帶的官員通常都是三品以上，應該身穿紫色公服而並非是緋色公服。

官員往往還會在所穿圓領襴衫的內側穿汗衫。汗衫類似於今天的襯衣，分為交領和頜領兩種樣式。圓領襴衫在脖領處通常都會加裝襯領，王黼裝的是深色襯領，蔡京裝的

13 （元代）脫脫等《宋史·輿服五》：「武臣、內侍皆服紫，不佩魚。」

14 （元代）脫脫等《宋史·輿服五》。

是米色襯領，襯領髒了之後能拆卸下來進行清洗，這樣便不用將整件衣服都進行清洗，從這個小細節中便可見識到宋人的智慧。

宋代官員穿朝服時通常會穿烏皮靴。烏皮靴由黑色皮革製成，徽宗時期曾短暫改用履，但南宋時期又恢復舊制。靴上會有絇、綦、繶、純四種裝飾，顏色與公服顏色相同。是鞋頭上類似鞋梁的裝飾物；綦為靴上的鞋帶；為靴上的絲帶；純為靴上的鑲邊，後兩種是沒有多少實用性的裝飾品，並非每位官員所穿的官靴上都會有。

寄祿官為大夫以上的文武官

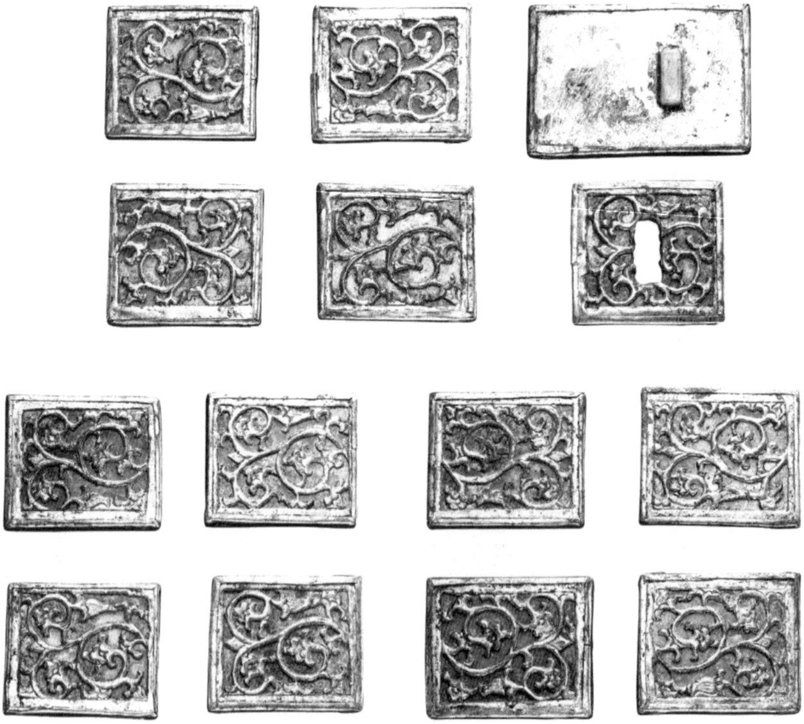

唐代銅鎏金嵌玉龍鳳紋方形帶銙

員才允許使用上述全部四種裝飾，文職大夫中最低一階為朝奉大夫（從六品），武職大夫中最低一階為武翼大夫（從七品）；朝請郎（文職正七品）、武功郎（武職從七品）以下的官員需要去掉；宣教郎（文職從八品）、從義郎（武職從八品）以下直至沒有品級的將校和技術官員不得使用和純[15]。

宋代官員所穿襪子主要為比較厚實的布襪和皮襪，冬天往往會穿更為保暖的氈襪。不過到了南宋時期，冬天也不似北方那麼寒冷，只穿兜襪便可安然過冬了。兜襪就是用細線將數層布縫合在一起製成的厚布襪。陸游曾在《天氣作雪戲作》中寫道：「細衲兜羅襪，奇溫吉貝裘。閉門薪炭足，雪夜可無憂。」

15 （元代）脫脫等《宋史・輿服五》。

第三節　女子時尚潮流

皇后引領的宮廷時尚

皇后母儀天下，尊貴無比，她的穿戴不僅僅是後宮的時尚風向標，還引領著整個大宋的時尚風潮。

皇后的服飾主要有四種，分別為深青色的禕衣、紅色的朱衣、雜色的禮衣和黃色的鞠衣。禕衣是最為隆重的禮服，只有在接受皇后冊封、參加重大祭祀活動時才會穿；拜見皇帝、乘坐步輦時通常穿朱衣；參加宴會、會見賓客時通常穿禮衣；每年三月禱告養蠶順利等場合會穿鞠衣。

在《女孝經圖》中，皇后穿的便是一件青色的禮衣，衣領處為黼

（宋代）佚名《女孝經圖》（局部）

麗的紅色，前有類似圍裙的蔽膝，腰間有帶，帶下有綬。最特別的是她頭上所戴禮冠，史書中對這種冠的樣式並無記載：冠的底部是蓮花花瓣造型，頂部為球狀造型，好似頭上頂了個仙人球；冠的兩側有博鬢，類似於烏紗帽的帽翅。

在南薰殿所藏宋代皇后像中，只有宣祖皇后，也就是北宋開國皇帝趙匡胤的母親穿的是黃色鞠衣，不似褘衣那樣繪有翟

（宋代）佚名《女孝經圖》（局部）

（宋代）佚名《南薰殿藏宣祖后坐像》

（宋代）佚名《南薰殿藏宣祖后坐像》（頭部）

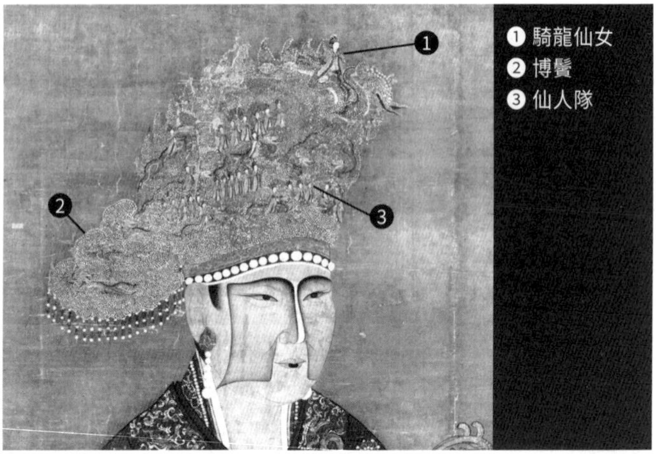

（宋代）佚名「南薰殿藏真宗后坐像」（頭部）

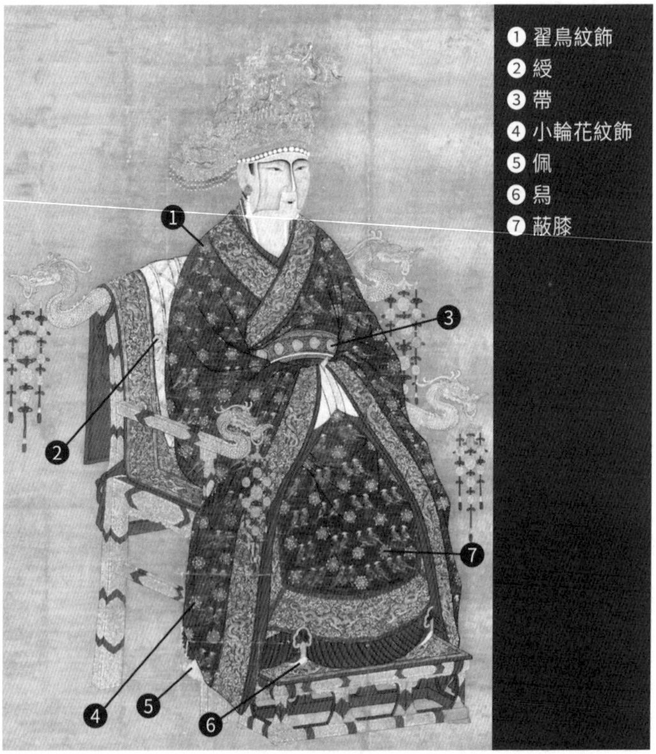

（宋代）佚名《南薰殿藏真宗后坐像》

鳥的紋飾。宣祖皇后頭戴鳳冠，外罩霞帔，胸前雙綬下掛著玉佩。

宣祖皇后頭上所戴鳳冠比較特別，最上端是蓮花造型，中間是寶相花造型，正面裝飾有一隻栩栩如生的鳳凰，冠上點綴著大大小小幾十顆珍珠。關於鳳冠側面的物件，學界目前還存在爭議。有人認為是一支釵子，的確很像釵子，但釵子應插在髮間，宣祖皇后留的卻是短髮，釵子插上去恐怕很難固定住。注意看，這個物件的短柄與鳳冠相連，因此應是鳳冠上伸出的博鬢，宋代皇后所戴鳳冠通常都會有向兩側伸展的博鬢。

在南薰殿所藏宋代皇后像中，除了宣祖后和後面要重點介紹的哲宗孟皇后外，其他皇后清一色穿的都是禕衣。

《南薰殿藏真宗后坐像》所繪究竟是真宗皇帝趙恆的正牌皇后劉娥（即章獻皇后），還是仁宗皇帝趙禎的生母李宸妃（後被追封為章懿皇后），目前尚存在爭議。畫像中所繪皇后穿的禕衣衣領為紅色並且裝飾有盤龍圖案，腰間繫革帶，前面掛著蔽膝，腰側懸著佩，綬位於身子側後方，腳上

（五代）阮郜「閬苑女仙圖」（局部）

穿的是木底鞋舄。

褘衣上主要有兩種紋飾，一種是翟鳥紋，翟鳥如今被稱為白冠長尾雉，不過也有人認為宋代翟鳥紋的原型為紅腹錦雞；另一種是小輪花紋，應該源自佛教中的法輪。

真宗皇后頭上戴的是龍鳳花釵冠，冠飾上鑲嵌著光彩奪目的寶石珠翠；下端有仙人隊的造型，頂端有騎龍仙女的造型；兩

（宋代）佚名「南薰殿藏高宗后坐像」（頭部）

（宋代）佚名《南薰殿藏神宗后坐像》（頭部）

（宋代）佚名《南薰殿藏徽宗后半身像》

側均有博鬢，分列耳朵兩旁，如同蝴蝶的翅膀，也好似打開的扇子。

冠上的騎龍仙女造型與《閬苑女仙圖》中的場景頗為相似，《閬苑女仙圖》描繪的是眾仙女相聚的場景，可見龍鳳花釵冠在造型設計上深受道家思想的影響，寄託著宋代皇室渴望得到上天眷顧的美好願望。按照禮制，太后、皇后所戴的龍鳳花釵冠上有大小花釵二十四株，皇貴妃為十八株，其他嬪妃依次遞減。

南薰殿藏皇后像中所繪皇后們戴的龍鳳花釵冠和穿的褘衣樣式其

（宋代）佚名《南薰殿藏仁宗后全身像》

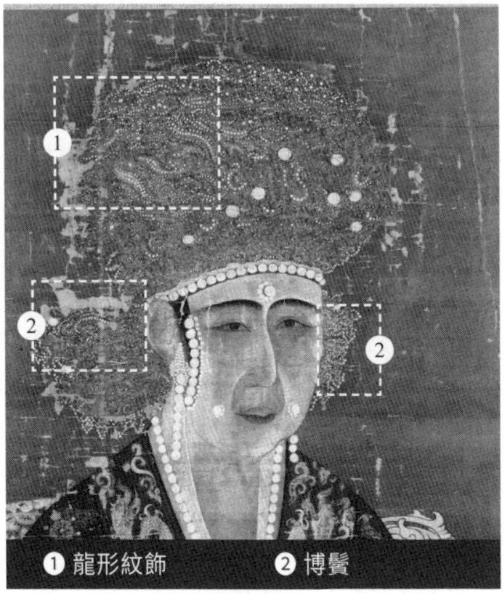

（宋代）佚名《南薰殿藏仁宗后全身像》（局部）

實大同小異。

徽宗皇后所戴龍鳳花釵冠的右側首次出現了「龍銜穗球」的造型，這個別致的造型也一直沿用到了南宋。

唯獨仁宗皇后所戴龍鳳花釵冠比較簡單，並沒有騎龍仙女等常見造型，只有龍形紋飾搭配珍珠。而她身旁的那兩個侍女戴的是「一年景」花冠。

宋代皇后的服飾上充斥著熠熠生輝的珍珠，頭冠上、耳墜上、項鍊上無不鑲嵌著珍珠，甚至兩頰、額頭和兩個太陽穴上都要貼上用珍珠製成的花鈿。

珍珠在宋代得到了廣泛應用，可以裝飾在衣物上，可以裝飾在鞍韉上，可以裝點在坐褥上，可以點綴在簾幕上，還可以直接製成衫帽或珠囊。北宋熙寧年間（西元一〇六八——一〇七七年），內廷奉宸庫收納珍珠多達兩千三百四十三萬餘顆，按照成色共分為十五等，全都鑽孔結串[16]，以備後宮使用，珍珠也成為宋代宮廷禮服上不可或缺的東西。

服飾中「可怕」的讖言

其實褘衣、朱衣、禮衣和鞠衣都屬於禮服範疇，要麼穿著不舒服，要麼穿著不方便，皇后平日裡穿的最多的還是常服。南薰殿所藏畫像中的宋代皇后穿的都是雍容華貴的禮服，唯獨一人既未戴龍鳳花釵冠，也未穿翟衣，穿的乃是極為樸素的常服，給人一副素鬢藍衣的形象，她就是哲宗孟皇后。她的人生跌宕起伏，兩度被廢而又兩度復位，還曾一度垂簾聽政。

哲宗皇帝趙煦正值大婚年齡，他的祖母高太后、嫡母向太后為他挑選的皇后便是這位孟氏。北宋元祐七年（西元一〇九二年），孟氏被正式冊立為皇后。在此之前，開封城中里巷的百姓們將擊球作為百戲進獻給朝廷，按照規則一方一擊入網，稱為「孟入」。孟氏果然順利登上皇后之位，但她此後的命運卻是異常坎坷。

哲宗皇帝並不喜歡祖母和嫡母為他選定的這位孟皇后，卻又不敢公然違

（宋代）佚名《南薰殿藏哲宗后像》

16 （清代）徐松《宋會要輯稿・食貨五二》。

拗她們。在兩人完婚的次年，六十二歲的高太后便一命嗚呼了。孟皇后在政治上的靠山沒了，未來的命運也變得莫測起來！

一位在後宮造纈（一種有花紋的絲織品）的孟姓工匠進獻了新近研製的新款紋樣——兩隻相對的大蝴蝶間繚繞著纈帶，豔麗美觀中還藏著美好寓意，被命名為「孟家蟬」，風行一時，追求時尚之人競相購置。「蟬」與「禪」讀音相同，因此很多人隱隱覺得「孟家蟬」似乎藏著出家之兆[17]，很快便應驗了！

哲宗皇帝寵愛姿色俏麗而又能言善辯的劉婕妤，此人長得千嬌百媚，卻有著蛇蠍心腸。當時孟皇后的女兒患了重病，孟皇后的姐姐情急之下攜帶道家符水入宮，這可是犯了宮中大忌。大驚失色的孟皇后趕忙將符水藏了起來，誰知最終還是不慎走漏了風聲。劉婕妤趁機大肆誣陷孟皇后在暗中詛咒皇帝。當初扶持孟皇后上位的高太后和向太后都是舊黨的支持者，如今哲宗皇帝卻重用新黨繼續推動改革，時任宰相的章惇便是新黨領袖，自然站在了劉婕妤一邊，竭力打壓貼著舊黨標籤的孟皇后。

北宋紹聖三年（西元一〇九六年），孟皇后被廢，被迫移居瑤華宮，出家為道。元符三年（西元一一〇〇年），哲宗皇帝暴崩而亡，他的十一弟趙佶登基稱帝，稱為「宋徽宗」。趙佶之所以能逆襲當上皇帝，主要得益於他父親神宗皇帝的正妻向太后的支持。在向太后的提議下，徽宗皇帝很快便恢復了孟皇后的皇后名號。不過徽宗皇帝在政治上也傾向於新黨，自然對貼著舊黨標籤的孟皇后心存厭惡。隨著向太后的去世，孟皇后於北宋崇寧元年（西元一一〇二年）再度被廢，再次遷居瑤華宮。

由於瑤華宮意外失火，苦命的孟皇后只得移居延寧宮，但延寧宮後來居然也失火了！無處棲身的孟皇后只得居住在她的侄子，擔任通直郎、軍器監的孟忠厚位於相國寺前的私宅之中。

靖康二年（西元一一二七

17（南宋）徐夢莘《三朝北盟會編》。

（宋代）佚名《女孝經圖卷開宗明義章》

年），已然退位的徽宗皇帝與近臣商議，準備再度恢復孟皇后的皇后名號，當時詔書都已經寫好了，可還沒來得及下發，開封城便被金人攻破。

城破之後，金人拿著名冊將宮中所有有名號的嬪妃悉數擄掠到了北方，唯獨孟皇后幸運地逃過了一劫。當時金人扶持的傀儡張邦昌奉迎孟皇后垂簾聽政，等到趙構稱帝后，她又很識趣地撤簾，被高宗皇帝趙構奉為太后，最終得以善終。

北宋末年開封城中流行的紋樣不知為何總會與讖言詭異地聯繫在一起，這個奇特的現象也被稱為「服妖」。當時流行「一年景」紋樣，也就是將一年四季的花卉和時令節物都彙聚在一起，但有人卻覺得這似乎預示著靖康紀年只會有短短的一年光景[18]。北宋靖康二年（西元一一二七年）二月，徽宗皇帝和欽宗皇帝被金人擄掠而走，繁華一時的北宋至此滅亡，靖康這個年號僅僅用了一年零兩個月。

皇家內府織造的綾選用的紋樣是遍地桃花，稱為「遍地桃」，這似乎預示著國難之際，開封城中官民無分貴賤全都滿地逃竄，這悲慘的一幕很快便上演了！

當然，這些只是歷史的巧合。

時尚女人的髮飾

宋代時尚女人對於自身穿著往往都很講究，但總體風格卻已從唐代的磅礴大氣變為婉約精緻。

時尚女子的頭部裝飾主要有三種，分別是梳髻、戴冠和包髻。在《女孝經圖卷開宗明義章》中，七名女子梳髻，一人頭戴花冠，還有一人包髻。

《女孝經圖卷開宗明義章》左側這個女子頭戴花冠，看上去清秀而又優雅。她所戴花冠樣式與唐代花冠頗為相似，卻又不似唐代花冠那樣龐大，不再緊貼髮際線，戴的時候

（宋代）佚名《女孝經圖卷開宗明義章》（局部）

（宋代）佚名《歌樂圖》中簪戴的藝人

18 （南宋）陸遊《老學庵筆記》。

會留出額發的位置，增添了幾分秀氣。

宋代花冠其實有兩種，一種是將冠設計為花型，還有一種是在冠上插花。《南薰殿藏仁宗後坐像》中，位於皇后兩側的侍女戴的就是「一年景」花冠，冠頂插的都是用羅

(南宋) 劉松年 (據傳)《宮女圖》

(北宋) 劉宗古《瑤臺步月圖》(局部)

絹、通草或者彩紙製成的假花，好似將四季之中陸續開放的花朵都集於一冠。宋代還有很多人喜歡戴真花，根據季節的變換將杏花、桃花、荷花、菊花、梅花等嬌豔的花朵插在冠上，看上去國色天香，聞上去香氣襲人。

宋人還有在襆頭上插花的習慣，稱為「簪戴」，但採用這副裝扮的多是男子，因為女人通常不會戴襆頭。不過《歌樂圖》中的藝人為了能取得良好的演出效果也會如此裝扮。

除此之外，宋代還有一種更為高大上的花冠：用金銀線編織成花朵狀，再用珍珠進行裝飾，顯得瑰麗華貴，雍容端莊。

宋代女子還青睞用珍珠製成的珠冠，給人珠光寶氣之感。《宮女圖》左側和中間的女子頭上戴的便是用珍珠鑲嵌而成的珠冠。

《瑤臺步月圖》中的三名女子的髮飾幾乎一模

（南宋）李嵩《明皇鬥雞圖》（局部）

（南宋）蘇漢臣《秋庭戲嬰圖》

❶ 雙丫髻

（南宋）劉松年《西園雅集圖》（局部）

一樣，很多學者認為他們頭上戴的是團冠，不過也有學者認為這是一種以牡蠣為原型的冠飾，蘊含著多子多福之意。

《女孝經圖卷開宗明義章》右側那名女子為包髻，也就是將髮式定型後用布帛一類的巾子包裹起來，既可以像圖中那名女子那樣包成花形，也可以包成浮雲等帶著吉祥含義的形狀。不過用於包髻的布帛都比較軟，塑形主要依靠髮型本身。

很多女子還會在包髻的同時用鮮花珠寶進行點綴，這樣會襯得她們更加端莊秀麗，開封城中的中等媒婆流行戴上冠子後再用黃布包髻。

梳髻就是將頭髮梳成各種不同的

❶ 褙子
❷ 被帛
❸ 玉勝珠花
❹ 蓮花冠
❺ 包髻
❻ 遠遊冠
❼ 襆頭
❽ 雙螺髻
❾ 半臂
❿ 披帛
⓫ 襦裙
慎夫人
漢文帝
皇后

（宋代）佚名《卻坐圖》（局部）

造型，時尚女子自然喜歡梳高髻，但也不似唐代那麼高聳。《明皇鬥雞圖》中的兩個侍女梳的是墜馬髻，又稱墮馬髻，將頭髮攏結成大椎後用髮繩進行捆紮，形狀如同馬肚，往往會墮於頭側或腦後，如同騎馬墜落一般，故而得名。墜馬髻最早出現在漢代，直至清代仍舊有人會梳這種髮髻，可見其生命力之強。

《宮女圖》左側和中間的女子均是戴珠冠，梳三鬟髻。宋代少女喜歡梳鬟髻，就是將頭髮梳成環形，最常見的是雙鬟髻和三鬟髻。最右側那個宮女梳的是雙垂髻，就是在頭的兩側將頭髮盤卷成垂髻，梳這種髻的主要是兩種人，一種是未婚女子，另外一種是身分比較低的女人，比如侍女、婢伎等。

與雙垂髻較為相似的是「丫髻」，也被稱為「雙丫髻」或「丫頭」。丫頭後來也漸漸成為小女孩的代稱。丫髻分為兩種類型，《秋庭戲嬰圖》中，右側那個小女孩在頭的兩側綰成兩個向側面伸展的髮髻；《西園雅集圖》中的侍者在頭頂綰成兩個向上伸展的髮髻。丫髻與雙垂髻的區別在於丫髻是向上或者向兩側伸展，而雙垂髻卻是向下垂。

《卻坐圖》描繪的是素以耿直著稱的名臣袁盎向漢文帝直言進諫的故事，雖然描繪的是漢代場景，但畫中人穿的卻都是宋代服飾。漢文帝頭上戴的是遠遊冠，胸前還戴著具有濃郁宋代氣息的方心曲領。他左側的慎夫人梳低椎髻，右側的皇后梳高髻，兩人頭上戴的並非是冠而是玉勝珠花。

那些梳髻的時尚女子通常會在頭頂插上頭飾，主要分為簪、釵、梳和勝四類。簪與釵很相似，都有細長的插腳，可以插入髮髻之中，頂端有精美的裝飾物。兩者的區別在於，簪為單股插腳，釵為雙股插腳。高檔簪釵往往用金銀或玉製成，雕刻有精美花紋，頂端有鳳鳥、花朵等紋飾，還會有金銀珠穗或流蘇墜子垂掛著，人一走簪釵也會跟著搖晃，稱為「步搖」。普通女子只能佩戴樸素簡約的木釵竹簪。梳子不僅僅能用於梳頭，還時常會插在頭上充作裝飾。勝是用扁平的玉片、金片等材料雕琢而成的頭飾，被稱為「玉勝」，由於經常會鑲嵌珍珠等飾物，因此也被稱為「玉

❶ 披帛
❷ 披帛
❸ 交領窄袖襦
❹ 帶
❺ 高腰碎花長裙

（宋代）佚名《女孝經圖三才章》

勝珠花」。

慎夫人身後的兩個侍女，一人頭戴蓮花冠，給人清新脫俗之感，另一人用紅色頭巾包髻；皇帝身後的那個侍女頭戴幞頭；皇后身後的那個侍女梳雙螺髻，可見每個人都對美有著不同理解，也有著不同的追求美的方式。

上流社會的穿搭

在《卻坐圖》中，皇后和慎夫人臉上所化妝容為三白妝，即將白粉塗抹在額頭、鼻側和臉頰。皇后身穿長可及地的襦裙，外罩半臂（類似於坎肩），肩頭披帛，腰間佩綬，是典型的唐代樣式。皇后身後的那個侍女上身穿交領羅衫，下身穿百褶裙。

慎夫人上身穿窄袖對襟長褙子，裡側穿羅衫，下身穿長裙，肩頭披帛，腰間佩綬，是宋代流行的裝扮。

貴婦人出席重大場合時通常上身穿大袖

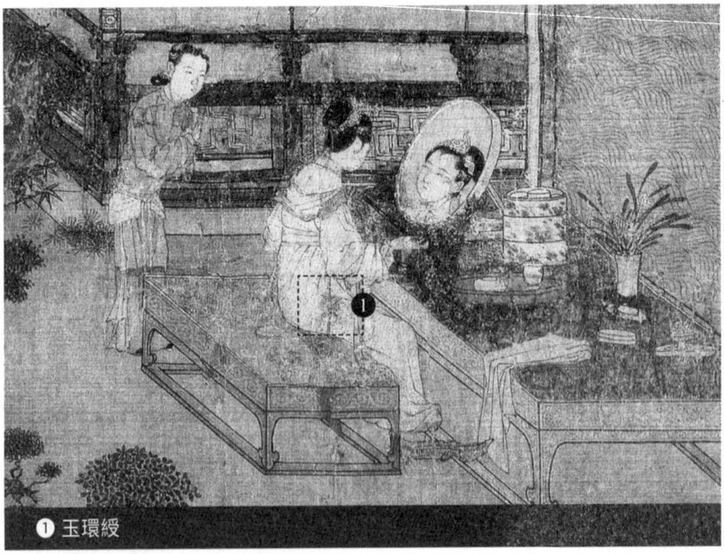

（南宋）蘇漢臣《妝靚仕女圖》

衫，下身穿長裙，看上去雍容華貴，但在平時生活中卻更為青睞襦裙和褙子——不僅穿著更舒適，還會襯得身姿愈加曼妙。

襦裙在唐代幾乎成為上流社會女子的標配。襦就是形制比較短小的上衣，同時下身搭配長裙。不過宋代長裙的高度卻有所下降，通常不會像唐代那樣逼近胸部，風格也漸趨淡雅，失去了唐代襦裙所特有的豔麗與奢華。

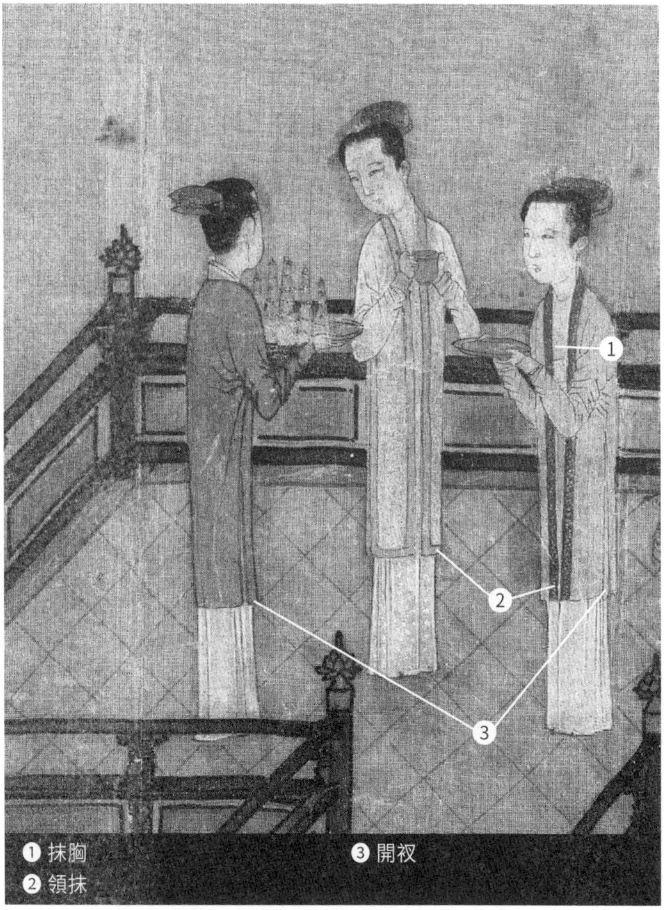

（北宋）劉宗古《瑤臺步月圖》（局部）

《女孝經圖三才章》描繪的諸位女子之中，除了那位青衣侍女外，其他女子穿的都是襦裙。坐於樹下靠左的那位女子上身穿交領小袖上襦，外面有披帛；下身穿高腰碎花長裙，用帶繫紮。雖然宋代仍舊會有很多女子穿襦裙，但半臂、披帛等配套裝束卻不經常使用，曾經盛極一時的襦裙已經開始走向下坡路。

在《妝靚仕女圖》中，一個雍容華貴的女子正在對著鏡子梳妝打扮，她穿的也是襦裙，腰間掛有一個圓環形玉佩，稱為「玉環綬」。這是程朱理學思想日益盛行的產物，除了起到裝飾作用外，還能壓住裙幅。女子快速行走或劇烈奔跑時裙子往往會隨之劇烈擺動，為了不失優雅之態於是便開始佩戴玉環綬。這個小物件折射出的卻是社會大趨勢：從宋代開始女子受到了越來越多的束縛，再也不能像唐代女子那樣過著自由而又奔放的生活。

（南宋）蘇漢臣《蕉陰擊球圖》

宋代裙子的質地通常為紗、羅、絹、綾等輕薄絲織品，裙面紋樣也多為小碎花，由此可以看出宋人清新素雅的審美情趣。按照裙子有無夾層，可分為單裙和夾裙；按照裙子式樣用料，可分為單片裙、兩片裙和褶襇裙。單片裙也被稱為二破裙，除了腰部外，整條裙子由兩幅布料拼接而成，拼縫通常會在中線位置。兩片裙也叫作旋裙，有點類似於現代的包臀裙和直筒裙，兩側通常會有開衩。褶襇裙漸漸發展為「百褶裙」，裙幅越多越時尚，有六幅的，八幅的，還有十二幅的，《卻坐圖》皇后身後那個侍女所穿百褶裙的裙身上遍布著褶皺。

隨著宋人審美觀的改變，褙子（也被稱為背子或綽子）悄然興起，貴賤均可穿，男女都可服，不過還是以女子為主。褙子最常見的樣式為直領對襟，既沒有紐扣，也不用繫帶。褙子的邊緣處通常會繡有長長的花邊，稱為「領抹」。褙子的袖子有寬窄兩種，不過以窄型最為流行，更能凸顯女子的曲線美。褙子的下擺垂至膝蓋附近，有的在膝上，有的齊膝，有的過膝，甚至垂至雙腳。下擺有的不開衩，有的開衩，甚至會在左右腋下開有高衩，應該是受到了遼朝服飾的影響。褙子通常穿在最外面，

騎馬出城的女子

還是敞開的，襯得女子更加動人。

《瑤臺步月圖》描繪的是中秋時節相聚賞月的場景，畫面中間的三個女子穿的均為直領對襟褙子，袖子為俐落的窄袖。腋下有長長的開衩，透過敞開的褙子，上身的抹胸若隱若現。抹胸是能夠緊束前胸的胸間貼身小衣，能夠防止風邪入侵，類似於今天的胸罩。三個女子下身穿的是裙子，褙子穿在裙子外面，因此裙子只露出下半部分。

《蕉蔭擊球圖》中的女子所穿的褙子相對比較短，考慮到她正俯著身子，若是站直後褙子應該位於膝蓋以上；開衩開得也比較高，一直開到胸部以下。

褙子與長衫很像，有時不太容易分辨，不過褙子卻有兩個鮮明的特徵：第一個是褙子有領抹（也就是鑲邊），長衫通常並沒有領抹；第二個是褙子通常為敞開式，長衫通常會有紐扣或繫帶。如果既穿褙子，又穿長衫，褙子往往會穿在長衫的外側。

宋代時尚女子上身通常會穿襦和褙子，此外還有衫和襖；下身主要穿裙，有時也會穿褲，不過即便穿褲子也往往會在外面罩上一條裙子，褲子通常並不會露在外面。從材質上看，褲子分為比較薄的單褲和較為厚實的夾褲；從樣式上看，褲子分為開襠褲和滿襠褲，開襠褲通常會穿在滿襠褲的外側，既能遮掩身體又方便穿著。

衫最早與「單」同義，因此是比較薄的單衣，要麼夏天穿，要麼還要在衫的外面套上褙子等外罩。宋代主要有兩種衫，一種是涼衫（或叫白衫），顏色以素淡為主，相對比較

（南宋）李嵩《貨郎圖》

騎驢去郊外的女子

寬大；另一種叫紫衫，起初是武將的服飾，後來士大夫也開始穿，不過女人基本不穿紫衫。《清明上河圖》中騎著驢出城的那個女子穿的便是涼衫。

這個女子頭上戴的是帷帽，其樣式為在笠帽上裝了一圈絲網做成帽裙，可以起到遮蔽臉龐的作用。唐代初年，女子盛行戴冪籬，帽子上垂下來的網狀帽裙往往會將她們的大半個身子甚至整個身子都遮住；後來流行戴帷帽，僅僅是將自己的臉遮住。不過盛唐之後，女子們便漸漸拋棄了帷帽，以自己清新靚麗的本來面目示人。

宋代女子重新戴起了帷帽，既與開封風沙比較大有關，也與漸趨守舊

（北宋）王居正《紡車圖卷》

（南宋）劉松年《茗園賭市圖》（局部）

的社會風氣有關。到了明清時期，未婚女子甚至「大門不出、二門不邁」，將自己死死地束縛在家中。

尋常女子的裝束

除了那些出身高貴、生活優渥的貴族女子外，宋代還有許許多多在社會底層辛苦討生活的尋常女子，她們又會選擇怎樣的裝束呢？

《貨郎圖》中共計繪有兩位女性，左邊那位婦女（見上圖）頭上披著蓋頭，身著素色襦裙，身體微曲，扶著身前正在貨郎籃中挑選心愛物品的孩童。右邊那位婦女（見下圖）梳著高髻，可見高髻並非被貴族婦女所壟斷，愛美之心人皆有之，即便是山野村婦也會有一顆愛美之心。她穿著衫褲，右手抱著一個正在吃手的幼童，左手伸向前方貨郎處。

（宋代）佚名《絲綸圖》（局部）

再說一說旋裙。宋代女子出行喜歡騎驢，但穿普通的裙子卻多有不便，於是便設計出一款兩側開衩至胯部（即腰與大腿之間）的裙子，稱為旋裙。穿這種裙子上下驢會方便許多，不過也比較暴露，起初只有妓女才會穿，但這又是一款能夠充分展現女性魅力的裙子，以至於很多良家女子也紛紛穿著旋裙，使其漸漸流傳開來，不過卻時常招來世人的非議[19]。

（宋代）佚名《征人曉發圖》（局部）

19 （宋代）江休復《江鄰幾雜誌》：「又說婦人不服寬袴與襜，制旋裙，必前後開胯，以便乘驢，其風開於都下妓女，而士人家反慕效之，曾不知恥辱如此。」

隨著程朱理學思想的影響力越來越大，貴族婦女所穿服飾也日趨保守，但很多普通女子卻仍舊保持著唐代女子大膽而又性感的穿衣風格。

除了穿開衩很高的旋裙外，一些女子還會穿敞開式短衫，同時抹胸還會拉得很低，將傲人的胸部呈現在世人的面前，《茗園賭市圖》中的那位市井女子便是如此穿搭。

在上述畫作之中，婦女的身邊通常都會出現孩子的身影，說明養育子女已成為她們生活中不可或缺的一部分。除此之外，她們還要承擔起做飯、掃地等日常家務，照顧丈夫的日常起居。

「男耕女織」是農村人傳承千餘年的分工，那些生活在農村的婦女們在張羅家務的同時，往往還要養蠶繅絲，織布紡線。除了向官府納捐外，她們織造而成的絲織品、棉織品通常並不捨得自己穿，往往要拿到集市上去售賣，自家人卻只能穿麻布衣服。

在《紡車圖卷》中，左側站著一個面露老態的婦人，外穿短衫，內著抹胸，褲子上打著補丁，身子微微有些佝僂，雙手引著兩個線團，望向畫面右側的那個年輕村婦。

年輕村婦坐在小凳上，上身穿綠色粗布短衫，下身穿紅色粗布長褲，頭髮簡單地挽成髮髻，雖有些散亂，卻無暇顧及。她抱著一個正在吃奶的嬰兒，身前放著一架紡車，用手不停地搖著紡輪，身子裡側是盛放工具和雜物的竹筐。

在《絲綸圖》中，樹木掩映的茅屋前，三個女子正忙著絡絲。她們將自己的頭髮簡單地挽成髮髻，上身著短袖衫，下身穿長褲，腰系圍裙，顯得很是樸素。

（南宋）馬遠《踏歌圖》

在《征人曉發圖》中，一個婦女正在茅屋內忙著做飯，頭上紮著丸子形髮髻，上身穿短衫，下身穿百褶裙，身旁有一個正在嬉鬧的孩童。她在忙著手中活計的同時，還得照顧自家的孩子。

一個男人趴在屋內的桌上呼呼大睡，門口拴著一頭毛驢，扭過頭望著他，似乎在無聲地催促主人快快遠行。一些學者認為屋內的男女為夫妻，但那個男人卻是一副儒生裝束，從衣著上看，似乎與那個衣著樸素的婦人並不般配。

若想弄清楚畫中兩人真正的關係，我們還需從「征人」這個詞語的含義入手。征人最常見的意思是因服兵役或勞役而被官府徵發之人，不過它還有另外一層意思，那就是即將遠行之人。南唐國主李煜曾在《望遠行》中寫道：「黃金台下忽然驚，征人歸日二毛生。」

畫中茅屋門口還站著一個即將遠行之人，地上放著他的行李箱，可見即將離開此地的並非只有那個正在熟睡的儒生。因此此處極有可能是一家民宿性質的鄉村旅館，那個正忙著做飯的婦女便是這家小旅店的店主。

根據宋代史料記載，在開封城中，曹婆婆肉餅、宋五嫂魚羹、王媽媽茶肆、醜婆婆藥鋪都成為各自行業的翹楚，從這些店鋪的店名便能看出店主應該都是女性，說明當時誕生了一大批極具商業頭腦和經營手段的女企業家。

不過對於絕大多數女人而言，丈夫是家中的頂樑柱，是她們依靠的臂膀，她們每天最期盼也是最高興的時刻，就是看到外出勞作的丈夫回家。

在《踏歌圖》中，一群農耕歸來的農人緩緩行進在崎嶇的山路上，一對衣著樸素的母子笑容滿面地等待著丈夫的歸來！

第四節　普通民眾的「職業裝」

各行有各行的穿戴

隨著商業經濟的日漸繁榮，開封城中的絕大多數行業都誕生了自己的行業協會，稱為「某行」，甚至還誕生了能夠體現行業特色的職業裝。即便是沒有職業裝的行業，從業人員的裝束也日漸趨同。

質庫（即當鋪）掌事通常會身穿皂衫，腰繫角帶。東京城內的媒婆分為三六九等，上等媒婆戴蓋頭，穿紫色褙子，專門說和皇親貴戚、大小官員家的親事；中等媒婆戴冠子，用黃布包髻，身穿褙子或者裙，手中拿著青羅傘兒，往往是兩人同行[20]，可謂是優勢互補。

在古人眼中，「萬般皆下品，唯有讀書高」，因此不管家境如何，讀書人普遍都會被人高看一

（北宋）李公麟《西嶽降靈圖》中的轎夫

城內的讀書人

眼，為了不辱斯文自然要穿得比較得體，往往是頭戴皂巾（即黑色頭巾），身穿深色交領長衫，腰間繫帶。

這些等待進城的轎夫們都頭戴皂色頭巾，身穿白色交領或圓領開衩窄袖衣，下穿白色小口長褲，腳穿草鞋，習慣性地將衣擺提起來繫於自己的腰間。

《西嶽降靈圖》中的轎夫是為官府做事之人，自然比那些民間轎夫穿得更為體面。他們頭上戴的是皂色襆頭而非廉價的頭巾，上身穿白色圓領開衩窄袖衣，下身穿白色長褲，腳蹬皂靴，衣擺散開呈自然下落的姿態。

虹橋邊的這輛串車前面的那個車夫頭戴皂色頭巾，身穿白色坎肩，外裹皂色短衫，裸露

20 （宋代）孟元老《東京夢華錄·娶婦》。

等待進城的轎夫

虹橋邊的車夫

出城的車夫與進城的挑夫

著自己的左肩，下身穿白色長褲，還裹上了綁腿，腳上穿的是草鞋，這也是職業車夫的常見裝扮。

出城的這輛串車的兩個車夫頭戴用青竹篾編織而成的斗笠，既能遮陽又能防雨；上身穿白色圓領開衩窄袖短衣，下身穿白色縛褲，腳穿草鞋，與虹橋邊那輛串車的車夫在穿著上有著明顯差異。他們很可能是開封城外的農民，專門負責運輸農產品。

與車夫擦肩而過的挑夫是典型的農民裝扮，頭戴皂色頭巾，身穿白色短衣和小口長褲。由於往來城裡路程比較遠，他將隨身攜帶的外罩纏在自己的腰間，還特地打了個結。

那些行走在汴河上的船工頭戴皂色頭巾，身穿白色或皂色交領開衩窄袖短衣，下身穿白色小口長褲，腳穿草鞋，也將衣擺提起繫於腰間，與挑夫的裝扮比較類似。

那些在碼頭上賣苦力的工人們頭戴皂色頭巾，上

汴河上的船工

身穿白色坎肩，下身有的穿著白色縛褲，有的穿著白色短褲，腳上穿的是草鞋。由於搬運貨物屬於重體力活兒，這些辛苦勞作的工人們穿得既簡單而又樸素。

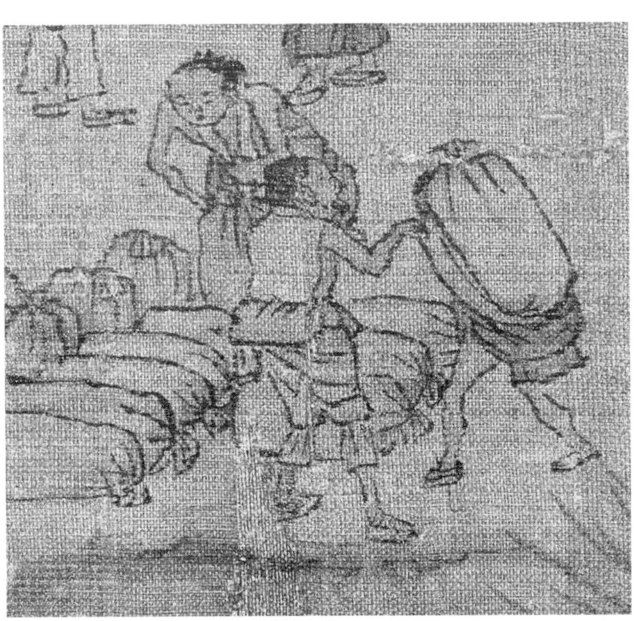

汴河碼頭上的工人

「職業裝」背後的奧妙

透過《清明上河圖》，我們可以發現絕大多數宋代平民的衣著要麼是近乎黑色的深色，要麼是近乎白色的淺色，幾乎不怎麼穿彩色或花色的衣服。

在北宋初期，朝廷曾頒布法令，地位低下的胥吏、庶人、商賈、雜技藝人只能穿白色或皂色[21]，不能穿其他豔麗的顏色，不過這項禁令後來卻漸漸有所鬆弛，那些有錢的商人開始絞盡腦汁將自己打扮得精緻而又豔麗。

《清明上河圖》描繪的是「一片皂巾，短衣遍布，黑白相兼」的平民世界，那些車夫、馬夫、挑夫、農夫、縴夫、船夫、轎夫、工匠、商販多為短衣、長褲、麻鞋等樸素利索的裝扮，即便偶爾穿過膝長衣往往也會將衣擺挽起來，繫紮在自己的腰間，這樣便於行動。儒生、術士、僧人、道士和富商大戶多身著長衫，但也多是瘦身窄袖的造型，那些具有濃郁唐代特色的大袖寬衫已經不見了蹤影。

平民所穿衣服的材質主要是麻布，不僅質地粗糙而且質樸無華——黑色麻布暗而無光，白色麻布黯然失色。有時他們也會選用棉布作為衣料，但色彩豔麗而又質地柔軟的絲綢卻被那些有權人和有錢人所壟斷。

素雅色彩引領的穿衣格調，彰顯出務實理性的觀念，與以大袖寬衫為代表的禮服共同構成宋代多民族融合下形態豐富的穿衣格局。

參考文獻

〔1〕陳彥姝，宮闈時尚——宋代工藝美術的女性側面〔J〕。美術觀察，2019（9）：7。
〔2〕邵曉峰、陶小軍，《宋代帝后像》中的皇室傢俱研究〔J〕。藝術百家，2008（4）：9-21。
〔3〕金耀麗，談《清明上河圖》中人物的服飾〔J〕。開封教育學院學報，2002，22（4）：2。
〔4〕黃智高，《清明上河圖》之百工衣褲裝探源〔J〕。絲綢，2021，58（11）：6。
〔5〕黃智高，《清明上河圖》平民男服經典要素提取研究〔J〕。美術大觀，2021。
〔6〕周平，唐宋兩代女性服飾比較研究〔D〕。蘇州：蘇州大學。
〔7〕崔圭順，中國歷代帝王冕服研究〔M〕。上海：東華大學出版社，2007。
〔8〕王雪麗，宋代服飾制度研究〔D〕。杭州：浙江大學，2006。
〔9〕張蓓蓓，宋代漢族服飾研究〔D〕。蘇州：蘇州大學。
〔10〕張林淼，宋代皇后服飾研究〔D〕。北京：北京服裝學院，2019。
〔11〕古長生，宋代官服述論〔D〕。長春：東北師範大學，2007。

21 （南宋）葉夢得《石林燕語》。

〔12〕華雯，《宋史·輿服志》中的服飾研究〔D〕。上海：東華大學，2016。
〔13〕王怒嘯，宋代人物畫中女性形象特徵研究〔D〕。石家莊：河北師範大學，2017。
〔14〕劉杜涵，傳世宋畫中的女性形象研究〔D〕。蘭州：蘭州大學，2020。
〔15〕周平，唐宋兩代女性服飾比較研究〔D〕。蘇州：蘇州大學，2018。
〔16〕劉衛群，中國古代化妝品詞語研究〔D〕。南昌：江西師範大學，2011。

圖說 大宋風華（上）

從客船郵輪到服飾潮流，
透過《清明上河圖》一覽汴京繁盛風景！

作　　者　李旭東

發 行 人　林敬彬
主　　編　楊安瑜
編　　輯　林子揚、林佳伶
內頁編排　方皓承
行銷企劃　徐巧靜
編輯協力　陳于雯、高家宏

出　　版　大旗出版社
發　　行　大都會文化事業有限公司
11051 台北市信義區基隆路一段 432 號 4 樓之 9
讀者服務專線：（02）27235216
讀者服務傳真：（02）27235220
電子郵件信箱：metro@ms21.hinet.net
網　　　址：www.metrobook.com.tw

郵政劃撥　14050529 大都會文化事業有限公司
出版日期　2024 年 10 月初版一刷
定　　價　400 元
I S B N　978-626-7284-67-4
書　　號　History-166

Banner Publishing, a division of Metropolitan Culture Enterprise Co., Ltd.
4F-9, Double Hero Bldg., 432, Keelung Rd., Sec. 1,Taipei 11051, Taiwan
Tel:+886-2-2723-5216　Fax:+886-2-2723-5220
E-mail:metro@ms21.hinet.net
Web-site:www.metrobook.com.tw

國家圖書館出版品預行編目（CIP）資料

圖說 大宋風華（上）：從客船郵輪到服飾潮流，透過《清明上河圖》一覽汴京繁盛風景！/ 李旭東　著 . -- 初版 -- 臺北市 : 大旗出版 : 大都會文化發行 ,2024.10；256 面；17×23 公分 . -- (History-166)
ISBN 978-626-7284-67-4(平裝)

1. 社會生活 2. 文化史 3. 宋代
635　　113012200